思考のコンパス

ノーマルなき世界を生きるヒント

Shu Yamaguchi
山口 周

PHP
Business Shinsho

PHPビジネス新書

はじめに――アフターコロナの世界を生きるためのコンパス

このまえがきを書いている2021年8月の時点において、新型コロナウイルスは全世界において猖獗《しょうけつ》を極めており、その影響がどの程度持続するのか、予断を許さない状況がすでに1年以上続いています。

このように予測が難しい世界を生きていくために、私たちには何が必要なのか？

それは「旅行者＝トラベラー」が頼る地図ではなく、「探検者＝エクスプローラー」が頼るコンパスだ、というのが本書のタイトルに込めた私のメッセージです。

なぜなら、現在のように状況が目まぐるしく千変万化する世界において、地図の情報はすぐに古くなってしまって役に立たないからです。このような時代にあって必要なのは、常に進むべき道を指し示してくれる「思考のコンパス」なのです。

では、具体的にどのような方向に私たちは進んでいくべきなのでしょうか？

本書を読んでいただければ、さまざまな分野でトップを走る人々が指し示す方向が明確に述べられていますが、ここではまず、私から3つのポイントについて、来るべき世界についての考察を述べたいと思います。

1．仮想空間へのシフト
2．反都市化への反転
3．ライフスタイルの多様化・複層化

1．仮想空間へのシフト

コロナの影響によって発生する、大きな社会的変化の1つ目が「仮想空間へのシフト」です。

すでに都市部では大多数の人々がリモートワークへと移行していることはご存知の通りと思います。ウイルスは物理的接触を通じて拡散します。一方で私たちの仕事の多くは情報の受け渡しによって成立します。ウイルスの拡散を防ぎながら仕事を進めようとすれば、物理的接触を避けて情報の受け渡しをするしかありません。これが仮想空間シフトを後押しする理由です。

これまでリモートワークの導入は、およそ1割程度の普及率を踊り場にしてなかなか進みませんでしたが、今回のパンデミックにより、半ば強制的な社会実験としてほぼすべての企業に導入された結果、多くの人々が「もう元に戻れない」と感じていることが報じられています。マーケティングにおけるライフサイクルカーブのコンセプトを当てはめて考えれば、一般に「ここを越えれば一挙に普及が進むというライン＝キャズム」は普及率16％と言われていますから、今回はこのラインを一気に突き抜けるようにして通過してしまったことになります。

しかし、大きな混乱もなく、世界がこのように急激に変わってしまった現在の状況を直視すれば、毎日、何千万人という人々が「通勤地獄」と海外の国から揶揄《やゆ》されるような苦行に耐えながら、飽きることもなく物理的に集まることに執着していたかつての労働習慣について、なぜ誰も「こんなことをしているのはちょっとバカなんじゃないか？」と言い出さなかったのか、不思議でなりません。

特に、インターネットとメールが仕事上の通信手段としてスタンダードになった19

90年代後半以降は、オフィスという物理的な空間に集まりながら、デスクに着席するやいなや、机上のパソコンから仮想空間に入ってメールやらチャットツールやらでコミュニケーションをとり、パワーポイントやエクセルでアウトプットを作成する……つまり物理的に集まってから仮想空間に入るという一種の入れ子構造で仕事をやっていたわけですから、そもそも物理的空間に集まることの意味合いは希薄になっていました。

さらに指摘すれば、東京に代表されるような都市というのは、もともと非常に仮想空間シフトに向いていたと言うこともできます。

パンデミックによって強制されたとはいえ、なぜこれほどまでにスムーズに仮想空間へのシフトが進んでしまったのかというと、それはもともと私たちが仕事をしていた「都市のオフィス」というものが、非常に仮想空間的だったからです。

都市というのはもともと人間の意識が作り出したモノです。そして都市を構成するビルもその中のオフィスの調度品や器具も、すべて人間の意識が作り出したモノです。これはつまり何を言っているかというと、都市というのは、もともと人間が仮想空間で構想したものを物化させた空間に過ぎないということです。もともと仮想空間で考えたものを物化して、それをまた仮想空間に戻そうとしているというのが今回の仮想空間シフトですから、馴染みが良いのは当たり前のことなのです。

本書を読まれている読者の多くは、情報材を扱う、いわゆるホワイトカラーの仕事に従事されていると思いますが、そもそもホワイトカラーの仕事は「情報の製造業」だと考えてみると、これまでいかに異常で非生産的なことをやっていたのかがわかります。

情報の製造業においては脳が工場になり、情報が資材と生産物になります。製造業では基本的に工場を動かさずに資材と生産物を動かします。なぜならこれらは工場よりもずっと軽いので、工場は一箇所に固定して動かさず、資材を動かしたほうが生産性は高いからです。

ところが、情報の製造業であるホワイトカラーの仕事では、長いこと、これとは逆に資材である情報を動かさずに、工場である脳を動かすということをやってきました。なぜなら、物理的な距離が増えてしまうとやりとりする情報の量が減ってしまい、脳の生産性が低下するからです。

情報には「量=リッチネス」と「到達距離=リーチ」のトレードオフがあります。情報のリッチネスを上げようとすればリーチが犠牲になり、情報のリーチを上げようとすればリッチネスが犠牲になる。このトレードオフは、物理的に離れた人とのコミュニケーションを電話と手紙に頼るしかなかった1980年代以前においては特に顕著で、だからこそ当時の人々はリッチな情報をやりとりするために「本社ビル」などの物理的な空間を設《しつら》え、そこに人々を集めて協働させる、つまり、脳という工場を物理的に集積させるということをやってきたのです。

加えて指摘すれば、それまで長いこと、遠隔地をつなぐコミュニケーションには高いコストがかかっていました。例えば1977年の国際電話料金（最初の3分間の料金）を確認してみると、次のようになっています。

韓国：1980円
米本土：3240円
メキシコ：4320円
アルゼンチン：5400円

ほぼコストゼロで海外との通信が可能になった現代から振り返ると、驚くべき料金だとは思いませんか。1分間でほぼ千円の通信費がかかるということは、これを1時間に換算すれば約6万円となります。こうなると工場である脳のコストよりも、資材となる情報のコストのほうが高くなってしまいます。

したがって、情報を動かすよりも工場である脳を動かして物理的に集中させることでコミュニケーションのコストを下げるということが志向されました。これが19世紀から20世紀にかけて、世界の各地で都市化が進んだ要因です。

ところが1990年代の後半になってインターネットが急速に普及すると、このトレードオフは急速に解消されていくことになります。遠く離れた人と、それまでのテクノロジーでは考えられなかったほどに密度の濃い情報をやりとりすることが、ほとんどコストゼロでできるようになったのです。

しかしその一方で、物理的に一箇所に集まって働くという、200年間にわたって続けられた働き方の慣行は、ほとんど省みられることもなく、「働くというのはそのようなものだ」という暗黙の了解のもと、テクノロジーの進歩の影響を大きく受けることなく、ここまで来てしまいました。

それが今回、「物理的に集まることができない」という制約を強制的に突きつけられた結果、意外にも、多くの社会活動を仮想空間で完結できることが明らかになったことで、あらためて「物理的に集まることの意味ってなんだっけ？」ということを皆が考えざるを得ない状況に陥っているわけです。この点はすでに読者のみなさんも皮膚感覚で感じられていると思いますが、私たちはもう後戻りのできない世界へと到達してしまっています。

2．反都市化への反転

次に取り上げたい大きな変化が「反都市化」です。

「反都市化」というのは、都市に人が集まってくるという「都市化」と逆のトレンドです。この点はすでにみなさんもご存知だと思いますが、世界は長らく「都市化」のトレンドの最中にあります。この、長く続いた、非常に強力な潮流が、パンデミックの影響を受けて少なくとも弱まることが予測されており、場合によっては逆転することも考えられます。

先述した通り、都市部に人が集まるのは、物理的に密集したほうが情報の伝達効率が良くなるからです。しかし、社会生活の仮想空間シフトが進めば、多くの情報は仮想空間上でやりとりできるようになるため、物理空間に集まることの意味合いは希薄化します。

現在、さまざまな企業や組織は、具体的にどれくらいの頻度で物理的に出社することを求めるかについて、さまざまな議論を積み重ねています。ここで注意しなければならないのは、この頻度は最終的に、事業者側の意図によってトップダウンで決めることはできず、採用マーケットに働く市場原理によってボトムアップで決まるだろう、ということです。

どういうことでしょうか？

仮にここにA社とB社の2社があり、そのどちらに就職しようかで迷っている人物がいたとして、A社は週に5日の出社を社員に義務付けているのに対して、B社は週に1日の出社を求めている、とするとどうでしょうか？

給与水準が同じだとすれば、ほとんどの人がB社を選ぶはずです。なぜならB社の給与水準は、実質的にA社のそれよりも高くなるからです。

首都圏では通勤に往復で平均2時間の時間がかかっていますが、これは就業に伴って必ず発生するタスクであるにもかかわらず、報酬が支払われないシャドウ・ワークになっています。

A社とB社との比較でいえば、毎日の通勤を要求するA社では2時間×22日で月に44時間の無報酬のシャドウ・ワークを従業員に強いる一方で、B社は2時間×4日で月に8時間となり、両者には36時間の差が生まれます。これは職業選択にあたって決定的な差となります。

その上、週に1~2日程度の出社で良いとなると、会社のそばに住む合理性も希薄化します。するとわざわざ生活コストの高い都市部に住むよりも、2時間程度で都市部にアクセスできる環境の良い郊外に住もうという人も増えるでしょう。

ではそのような移転がどのようなコストインパクトをもたらすか。いわゆる「衣食住」の中で、最も大きなコストがかかる「住」について、地域別の比較をしてみましょう。２０２０年の公示地価で確認すると、各県の地価は次のようになっています。

東京都	１１６万０９５０円／㎡
大阪府	33万６４５９円／㎡
神奈川県	25万６１０７円／㎡
兵庫県	16万５７２２円／㎡
静岡県	９万０１９７円／㎡
奈良県	８万２５８６円／㎡
滋賀県	６万２８９５円／㎡
長野県	４万５７３５円／㎡

この地価を見る限り、例えば東京都内に１５０㎡の一戸建てを持つということがほとんどの人にとって非現実的な夢だということがわかります。

一方で、例えば新幹線で東京駅まで１時間あまりでアクセスできる長野県の地価は、東京のおよそ25分の１でしかありませんから、同程度の大きさの家を建てることは十分に現実的な選択となります。

先ほどのA社とB社との比較で考えれば、たとえ両者が同じ給与水準を提案していたとしても、「住む場所の自由度」を提供しているB社に勤めたほうが、実質的に高い生活水準を送れる可能性が高い、ということです。

経営学における財務会計では、意思決定の主体者が持つ選択肢の多さを「オプションバリュー」として経済的価値に換算して捉えますが、これと同様の考え方を個人にも当てはめて考えなければならない時代が来ているということです。

これまで「週に何日、会社に行くか?」という論点は選択の余地の外側にあるもので、議論にすらなりませんでした。それが、今回のパンデミックを通じて、どの企業も、どの個人も、主体的な意図を持って、この論点に向き合わなければならなくなったわけです。

そして先述した通り、出社の日数に高い自由度を許容する企業であればあるほど、労働市場において高い採用競争力を持つことになりますから、これまでのような「毎日来るのが会社というものだ」といったオールドタイプの労働観を押し付ける企業はやがて社会から消えていくことになるでしょう。

現時点で断定的なことはなんとも言えませんが、各種のアンケートを確認するに、おそらくは週に1~2回程度の出勤というのが標準的なスタイルになるのではないかと思います。このようにサラリと書けば「まあ、そんなものかな」と思われるかもしれませんが、この変化は社会に甚大なインパクトをもたらすことになります。

もし「週に1~2日の出勤」が社会的なスタンダードになれば、都市中心部の昼間人口は半分以下となり、オフィスの空室率は急上昇、都市部の不動産開発は停滞して、交通・運輸・飲食等の需要は半減することになるでしょう。ひと言でいえば、私たちが近代になってずっと抱いてきた「無限に繁栄する都市」というイメージが、ここで終焉する可能性があるということです。

一方でこのような変化は、高度文明化があまねく終了した「高原社会」で生きていく人にとって望ましいオプションを与えてくれるとも言えます。

週に1~2日といった程度の頻度での通勤であれば、会社と住居の距離や位置関係をあまり気にすることなく、住みたいところに住むことが現実的な選択肢となります。通勤費用をどちらが負担するかという問題はありますが、週に一度であれば、東京の企業に勤める人が大好きな京都に暮らしながら、週に一度は新幹線で通勤するということも十分にありうるでしょうし、鎌倉・逗子・葉山などのビーチリゾートの街、あるいは軽井沢・蓼科・那須などの高原リゾートを居住地にすることも十分に可能でしょう。

さらに指摘すれば、今回のコロナによるパンデミックは、中国の武漢に端を発し、各国の都市をハブとして拡散していったということも忘れてはならないと思います。

近代化は必ず都市化を発生させますが、過去を振り返ってみれば、近代化の過程にある都市は、たびたび呼吸器系疾患の温床となっていたことが確認できます。例えば1952年にロンドンで発生したスモッグでは1万人以上が亡くなっていますし、1960年代から1970年代にかけては、日本をはじめとした先進国でもしばしば光化学スモッグによる外出注意警報が出されています。

さらに歴史を振り返ってみれば、腺ペストの流行が東ローマ帝国を衰退させ、梅毒はヨーロッパの売春宿をルーターにして千万単位の人々の命を奪い、日本の江戸ではコレラによる被害が猖獗を極めました。伝染病が猛威を振るうのは近代化を通じて都市を形成するに至った国ばかりです。

では、そのようなリスクのある場所に、なぜ人々は集まったのか？　理由はシンプルで「そこに仕事があったから」です。先述した通り、かつての知的生産では物理的な空間を通じて密度の濃い情報をやり取りするしかなかったため、人を一箇所に集めなければ効率の良い知的生産が不可能だったからです。

もちろん他にも、例えば娯楽・教育・医療等のインフラが充実している、といった点も挙げられますが、これらはむしろ、人が集積した結果として、後追いで整備されたと考えるほうが理に適《かな》っています。

仕事が必ずしも物理空間に限定されない社会がやってくると、近代が生み出した都市というものの社会的な位置づけもまた大きく変わってくることになるでしょう。

3. ライフスタイルの多様化・複層化

このような変化が起きれば、個人が選ぶライフスタイルもまた多様化することになります。

通常、都市部にオフィスを構えている会社に勤めている同僚同士であれば、1時間程度の通勤圏内に住居を構え、勤めている会社に週に5日出勤し、土日に休みを取るというのが標準的なライフスタイルでした。

ここに多様性はまったく認められません。通勤が毎日のことになれば会社との物理的な距離を縮めて通勤の労苦を少なくしようと思うのは当然のことでしょうし、よほどのこだわりがなければ遠方に住む理由はありません。つまり、このような就業形態が標準となる社会では、人生における「時空間のオプション」はほぼ会社によって規定されてしまっていたということです。

これは考えてみればすごいことですよね。「どこに住むか?」というのは人生の風景を決めるもっとも重大な意思決定ですが、この意思決定は、その前に置かれる「どの会社で働くか?」によってほぼ規定されてしまっていたわけです。

ところが「仮想空間シフトによる反都市化」が発生すると、何日会社に行くか、どこに住むかということを規定する制約条件が大きく緩み、働き手側の主体的な意思に選択が委ねられることになります。これはつまり「個人として、どのような人生を生きたいのか?」を自分で決めなければならない社会がやってくるということです。

このような論点を突きつけられた時、人は初めて「自分はどのような人生を送りたいのか?」「自分にとって一番大切なものは何か?」ということを考え始めることになるでしょう。

この点については本書においてあらためて考察しますが、高原社会において各人が個性を発揮していきいきと働いていくためには、各人の「幸福感受性」を回復することが重要です。

人間の幸福感には人それぞれの個性が思いっきり反映されますので、この「幸福感受性」を回復させた社会では、必然的に「ライフスタイルの多様化」が発生することになります。それは、いろんな「生き方」が認められ、誰もがそれをお互いに尊重しながら生きている社会です。

私たち日本人は「普通」が大好きですが、仮想空間シフトによる反都市化が進む社会では、「普通の働き方」というイメージは概念として霧消してしまうことになります。

日本では「普通であること」が過度に重視され、「普通でない」ことが批判の対象となりますが、なぜそういうことが起きるのかというと、「普通であれ」という脅迫に屈してワガママであることをあきらめてしまった人は、自分の個性を圧殺したという罪悪感から、脅迫に屈せずワガママであることを貫いて楽しく生きている人が許せないのです。同じようにできなかった自分の情けなさ、不甲斐なさを見るたびに思い起こさせる存在だからこそ、「ワガママ」を押し通す人に愛憎の入り混じった複雑な感情……まさにコンプレックスを抱くわけです。

まとめに入りましょう。昨今、ニューノーマルなる言葉が人口に膾炙《かいしゃ》することが多くなりました。しかし、本当に「ニューノーマル＝新しい普通」などというものがこの先立ち上がるのでしょうか。私はそうは思いません。私たちがこれから生きていくのは「ノーマル＝普通が溶解してしまった世界」なのです。

ではその世界の中で、何がその時々での局面において私たちの判断を支えるのでしょうか。

それが社会・組織・人に対する深いレベルでの洞察、本書の言葉でいうところのコンパスだろうと思います。

本書で私がインタビューさせていただいた人々のバックグラウンドは多様で、伺ったお話の内容に具体レベルでの共通性・一貫性は見られません。しかし、通読していただければ、お話に通底する深いレベルでの一貫性があることが感じられると思います。それは何かというと「ぶれない指針を持っている」ということです。混迷の度合いが高まった時に求められるのが「指針」ですが、指針とはまさに「コンパスの針」を指すわけですよね。

これを別の角度から話せば教養に関わる問題とも言えます。どういう人が「教養のある人」なのか？　多くの分野にまたがる知識を蓄えているクイズ王のような人物が「教養のある人」なのではありません。そうではなく、「複雑で曖昧な状況において、その人らしい決断ができること」を「教養がある」と言うのです。

本書でインタビューさせていただいた人々はそういった点で、現在の社会において最も教養のある人々だと感じています。

さて、長い前置きはこれくらいにして、教養ある人々のお話に進みましょう！

山口　周

思考のコンパス　目次

はじめに――アフターコロナの世界を生きるためのコンパス　3

第1章　夢中になれる仕事を見つけられない日本の社会システムとは？

北野唯我

方法を教えてくれるメンターをみんながすごく求めている　33
グルを見つけないと進めないビジネスパーソン　36
ブッダとジョブズが死ぬ直前に言い残したこと　37
偶像化すると、本質が変わってしまう　40
フィジカルな感覚が抜け落ちている　44
都市とは、しょせんバーチャルな存在でしかない　46
言語の縛りもなくなり始めた仮想空間　49
燃える仕事を見つけられないのは、住宅ローンのせい？　51

「わびさび」はなぜカッコ良く感じるのか？　54

第2章 「資本主義はもうダメだ」では社会は変わらない。「すきま」を埋める言葉を

近内悠太

売れている漫画の共通点は〝贈与〟にある　59
時制のズレのある贈与こそ人をつなげる　62
接待はポトラッチ的贈与　65
『ニュー・シネマ・パラダイス』も贈与の物語　67
資本主義の「すきま」を埋める、とは？　69
受け取っていたことに気づくことはできる　71
リーダーであるほど「助けてください」と言える　72

第3章 五感から情報化するために人間は「ノイズ」を求める

養老孟司

都市は、実は情報がすごく少ない　77
人間の歴史は、情報化の時代と身体化の時代の繰り返し　79
便利さだけ追い求めると、五感からの情報が見過ごされる　81
「同じ」という概念が言葉をつくった　83
身体を使って世界と向き合う体験が抜け落ちている　85
子どもをどういう環境に置くか　88
役に立たないことこそが本質的に役に立つことがある　89
高報酬・抽象的な仕事ほどAIに取って代わられる　91
いま普通の生き方というものが溶けてきている　94
人間社会を「塀の上」から眺める　96

第4章

タンザニア商人に学ぶ 制度や組織に頼らない生き方

小川さやか

会社や組織に属さずに「Living for Today」(その日暮らし)で生きる人々 103
法や制度上はグレーでもまずはやってみる 106
インフォーマル経済がセーフティネットに? 108
贈与論と共通する考え方が底流にある 110
「自律的に生きている」という錯覚 112
「借り」が人生の保険になるという考え方 114
お金は頼れる人間を増やすツール 117
人間関係を可視化させたインターネット 119
不確実性があるから寛容になれる 121
適度にルールを無視するから秩序が成り立つ 124
「ずる賢さの哲学」はストリートで学ぶ 126

——不確実性に身を投じると生きやすくなる　128

第5章　生物的な仕組みの理解なしに資本主義は成り立たない

高橋祥子

感染症を拡大する原因をつくっているのは我々人間　135
資本主義が社会の脆弱性を生み出している　138
利己的な欲求に突き進むと「神の手」は働かない？　139
進化の過程で不要な機能は排除されていくが……　142
ランダムに起こるエラーが進化をもたらす　144
やりたいことがわからない人は、想像できない環境に身を置けばいい　147
勇気がないから、起業するという選択　150
セレンディピティを能動的に設計できるか　152
「人類は全員レアで、全員が少数派」　155

ＶＵＣＡの時代こそ、生命科学的思考が必要になる　158

第6章　毎月7万円のベーシックインカムが日本の閉塞感を打ち破る

井上智洋

給与の高い仕事からＡＩに食われている　163
ＡＩは「人の心を揺さぶるメロディ」を判断できない　166
ヒットチャートを席巻する曲は量産できる　168
２０３０年、低所得層の仕事の多くはロボットに　170
前澤氏の「１００万円を１０００人に配布」実験からわかったこと　172
ベーシックインカムが社会の閉塞感を打破する可能性　176
所得が二極化する「クリエイティブ・エコノミー」の到来　178
「ヘリコプターマネー」をマクロ経済政策の主軸に　180

第7章

ゆるやかに今を楽しむライフスタイルが徐々に広がっていく

広井良典

資本主義の限界という現実を受け入れまいとする心理 187
新人類が企業の要職に就いた今は資本主義の転換点 189
市場がすべてを解決するには、道徳や倫理が必要 190
定常経済と「失敗した成長主義」の違い 193
規模拡大よりも持続可能性を重視する経営 195
短期的な利益主義が会社を滅ぼす 197
今後の問題を解決するのは「小規模でローカルな組織」 198
「1日3時間労働」は教養があれば実現する？ 200
日本人が「もともと勤労」は大間違いである 202

第1章

夢中になれる仕事を見つけられない日本の社会システムとは？

Yuiga Kitano
北野唯我

撮影：伊藤圭

北野唯我（きたの・ゆいが）

採用クラウドサービスの株式会社ワンキャリアの取締役・著述家。1987年生まれ。神戸大学経営学部卒業後、博報堂へ入社し、経営企画局・経理財務局で勤務。その後、ボストンコンサルティンググループを経て、ワンキャリアに参画。人事・戦略・広報を統括。「職業人生の設計」の専門家としても活動している。著書に『転職の思考法』（ダイヤモンド社）、『天才を殺す凡人』（日本経済新聞出版）、『これからの生き方。』（世界文化社）など。

採用クラウドサービスのワンキャリア取締役で、「職業人生の設計」に関する専門家としても活動する北野唯我さん。コロナを経てこれからの生き方・働き方で大事な感覚とは何か、さらに、結局どうすればパフォーマンスが上がるのかなどについて語ります。

（２０２０年９月対談）

方法を教えてくれるメンターをみんながすごく求めている

――北野さんの最新刊のタイトルはズバリ『これからの生き方。』です。コロナもあって、まさにこれからどう生きればいいのか、どう働くべきなのか、迷っている人も多いと思います。山口さんはこのタイトル、内容、読んでどう感じられましたか？

山口　唯我くんと僕はキャリアが似ています。僕は電通、唯我くんは博報堂と最初は広告代理店に入って、その後「ここ相当やべえな」と思って（笑）、とりあえずモラトリアムで外資系戦略コンサルに転職して、と。いわゆるありがちなキャリアというか、傍《はた》から見ると、正直、僕らって典型的なイタいキャリアの人だよね。

北野　本当そうですよ。イタい人ですよ。

山口　それなりに楽しく働けるのだけど「なんかちょっとここも違うな」と感じつつも、僕は外資を辞めるまで正直10年近くかかった。でも、唯我くんは見切りが早かったね。こういう違和感とか、「ちょっとおかしいんじゃない？」という微妙な感覚に素直であることは、今まで以上に重要になるかなとは思います。

『これからの生き方。』でも仕事や組織に感じる違和感について言及しているけど、唯我くんもそもそも違和感を大事にして、「一人ひとりが、もっとイキイキ働けるようになることが大事」と前から言っている。どうすればそれができるか。方法にもいつも細かく踏み込む。そこにこだわるのは、なぜ？

北野　違和感に敏感になったり、見切りを早くしたりするのもそうですけど、それって結局「自分の感性をどうやって資本市場の中で武器に変えるか」ということですよね。

似たテーマで、同調圧力に負けず、自分の感性を大事にしようといった内容の本はすでにあります。面白いし、読むと心が救われる。でも、資本市場にのっとった話にはなっていない。一方で現代では、ほとんどの人は会社組織とか資本市場の中で、どうやって自分の感じたことをお金にするか、武器にするかにこそ悩んでいる。だから、僕はそこをもっと追究したいんです。

山口　なるほどね。

北野　あと、多くの人は仕事・職場で成功したいとは思うでしょうが、「有名になりたい」わけではない。「一目置かれたい」と思っているんじゃないか。

一目置かれる人とは、まさに自分の感性をお金を稼ぐ力に変えている人だと思うんですが、重要なのはどうしたらそういう人間になれるのか。方法を教えてくれるメンターをみんながすごく求めているということ。

だから、方法論にこだわるし、今回の本もわざわざAという登場人物に対してB、Bに対してC、Cに対してDと、メンターとなる人物を細かくつける構成にしました。

山口　メンターね。でも、それって、ある種のグル（尊師）願望だよね？　問題もはらんでいる。人によって、グルを求める気持ちの強さが違うから、問題として世の中で認識されていないけど。ジャズ界で言うと、ジョン・コルトレーンとマイルス・デイヴィスの違いみたいなもので。

北野　というと？

グルを見つけないと進めないビジネスパーソン

山口　この2人は同い年でともにジャズの巨人と言われている。ジョン・コルトレーンは、自分の音楽や技術にずっと満足できなくてグルを永遠に探し求めていた人。かたや、マイルス・デイヴィスは「自分が帝王」になりたい人だから、グルを求める気持ちは恐らく全然なかった。

今の人はおおむね、コルトレーン型。みんな何かしらの師匠筋を求めがち。これ、どうしてこうならざるを得ないのかな。ある程度、大人になると「グルとかロールモデル、メンターを求める気持ちが全然わからない」という人もそれなりにいるけど。

北野　僕はむしろ、グルやメンターは今のビジネスパーソンの年代問わずの切実なニーズだと思うんですよ。

ここ数年のビジネス書ブームなんて、まさにその「グルを求める、みんなの気持ち」の表れじゃないですか？　ビジネス・アイコンブームは、NewsPicksのようなメディアがカリスマを幻想的に定義するという流れをつくってきた。でも、このブームはそもそものニーズがすごくあったと思う。

　大企業に勤めていても、10年20年上の先輩や経営者に対してどうも憧れきれない。「この人についていっていいのかな。ついていってもなんか、俺が40歳ぐらいになった時には食べていけなさそう」みたいな。

　山口さんがよく批判している会議好きのおじさんとか、昭和の価値観を持っているパワハラタイプで一見こわもての人たちですら、「誰に師事すればいいの？」みたいになっている。気を抜くとハラスメントを問われるなど、これまでの方法では仕事がどんどんできなくなっていますからね。

　大人も大人で困っている。だからこそ、幻想としてのメンターとかグルみたいなものをみんなが求めているんじゃないか。若い人だけじゃなく、ビジネスパーソン全体の悩みであり、課題でもあるんじゃないでしょうか。

ブッダとジョブズが死ぬ直前に言い残したこと

山口　確かに。一方で茂木健一郎さんなんかがよく言っているのは、いわゆるビジネス・サロンとかで集まって、崇拝しちゃうやつね。これ、脳科学的にいうと極めて危険な状況らしい。要するに、自分で考えなくなってくるから。「グルが言うことだったら全部正しい」と、脳をハックされている状態になっている。

アイコン化しているビジネスリーダー自身は彼らの個性で戦っているだけだから、別に悪いことをしている訳じゃない。「グルを見つけないと前に進めない」という人が多いことが、今の時代の難しさということになるのかな。

北野　まさに、そうだと思います。で、すみません。実は、僕、最近その問題のビジネス・サロンを始めまして……（笑）。

山口　そうなの？　え？　じゃあ、グルになってしまった？

北野　ならないように気をつけてはいます（笑）。学生時代の、僕の昔を知っている友人にわざわざサロンに入ってもらって、監視役をしてもらったり。グルになりたいのではなくて、友達を増やす感覚なんですよ。

本来大切なのはグルその人ではなくて、その教えなんじゃないかなとも思います。僕、禅がめっちゃ好きで、特にブッダが亡くなる時のエピソードが好きなんです。ブッダが死ぬ直前に弟子たちが「ブッダさん、私たち、これからどうすればいいんですか!?」って聞くんですよ。その時にブッダが、法灯明《ほうとうみょう》と自灯明《じとうみょう》について説く。

山口　法灯明と自灯明？　どういう意味なの？

北野　法灯明は、法つまり教えを灯火のようにして生きなさいということ。ブッダが「私のことを崇拝する必要はなくて、私の教えを灯明のようにして生きていきなさい」と言う。自灯明は、自らを灯明とする教えで「他を頼らず、自分の足元を照らす、その灯明に基づいて生きていきなさい」ということを説く。ブッダ、マジすげえなと！

山口　なるほど。スティーブ・ジョブズがいいグルだったかはともかく、彼も後継のティム・クックに死ぬ直前、「スティーブだったら、どうするかなんてことは考えるな」と言い残している。

北野　ブッダの時代から「私のことなど忘れなさい」みたいなことをグル的な人は常に言うんですよね。「私じゃなくて、私が教えたことを大事にしていきなさい」と諭す。

　こういうエピソードを聞くと、世の中がこれからどうなるかという大きな影響図まではグルといえども教えられない。でも、もう少し手前のルールなどは常にみんな知りたいんだなと思いました。山口さん自身は、グルを必要とするタイプ？

山口　僕はグルとかメンターとかいらないタイプ。グルになりたいタイプでもない。自分がグルになるような大した人間じゃないということはよくわかっているつもりなので。あと、グルとか面倒だから。

北野　でも、本を書く人、ある種の概念を語る人はグル化しやすいと思いますよ。グル化しないよう気をつけていることは？

山口　あえて言うなら、僕という人間があまり前面に出ないように気をつけてはいます。

偶像化すると、本質が変わってしまう

――逆に言うと、その人個人が前面に出てしまっている人はグルとして危ないということでしょうか？

山口　そうね。グルとかメンター、ロールモデルを求めることの危うさは、これから先の働き方や生き方をどうするかを考える時に大事なことの一つだけど、これって、結局、「なぜキリスト教（プロテスタントなど）やユダヤ教で偶像崇拝が禁じられているのか」に通じる話だと思う。

北野　どういうことですか？

山口　キリスト教（プロテスタント）、ユダヤ教、イスラム教もそうですけど、やっちゃいけないことの一つに「偶像を作って拝む」があります。モーセの十戒ですね。異教の排除のために戒めにしているなど解釈はいろいろあるけれど、例えばプロテスタントなどでも2番目にくる戒めになっているんだよね。そのあと6番目に「人を殺しちゃいけない」がくる。殺人より偶像を拝む方が罪が重いんですよ。

北野　グル化も〝偶像化〟だから、グル願望がなぜいけないかに通じるということですか？　面白い。

山口　なぜそこまでして、歴代のグルたちが嫌がったのか。これはね、グルは偶像化する段階で、その本質が変化してしまうからじゃない？　自然は必ず変化するけど、教えという情報は変化しない。

ロゼッタ・ストーンは紀元前に刻まれたのに、今でも同じ情報が読める。もちろん、いろんな人の手を経た情報は変わってしまう部分はあるけれども。偶像を作って物質化して拝むようになると、必ず、本質が変わっちゃう。

物質化すると物質は必ず滅んだり、痛んだり、変化してうまく伝わらない。だから、偶像化は絶対ダメ。このルールを守れとか、こういうことは大事とせっかく言ったものまでも変容してしまう。だから、個人を偶像化つまり物質化すると絶対に失敗する。今の時代だったら、ブッダは「必ずテキストに立ち返れ」とか言ったんじゃないかな。僕の解釈ですけれど。

北野　へえ。面白いですね！

山口　そもそもブッダって、文字すら信じなかった人なんじゃない？　あの人、自分では文字を残さなかったよね。ソクラテスもそう。弟子のプラトンが「ソクラテスはこう言っていた」と書いただけ。孔子もそう。イエスもそういう意味で言うと、文字を残していない。センターにいる人は文字を残さない。文字にして残したのは、弟子のプラトンであり、孔子の弟子たちであり、イエスの弟子たち。

唯我くんの本の話に戻るけど、唯我くんの本の登場人物たちもいろいろと変容していく様子が描かれている。この本の主人公って、すごい真面目な子だよね。ある種、古い価値観に縛られている。「呪われてるな」と僕は思った。

北野　おっしゃる通り。山口さんも一緒だと思いますけど、僕が『転職の思考法』から共通して持っている自分のテーマの一つが、ビジネスパーソンが悪気もなく引き継いでしまった昭和の呪いみたいなものをどうやって解くか、なんです。

山口　僕もこれから昭和の時代に作られた常識が、いかにいろいろな意味でこの国や社会に悪さをしているかということを一つひとつ挙げていこうと思っています。
最近、近内悠太さんが初めての著作『世界は贈与でできている』で、「呪いとは自分の行動や思考に制約をかけてしまうものの総称。だから僕らはしばしば自分で自分に呪いをかけてしまう」といった意味のことを言っているけど、やっぱりこの主人公って、出世とか成功とかいろんな呪いがかかってますよね？

北野　そう。それで今、特に仕事や生き方を考える上で大事な感覚として抜け落ちているものがあると僕は思うんですよ。

自分のテーマの一つが、ビジネスパーソンが悪気もなく引き継いでしまった昭和の呪いみたいなものをどうやって解くか、なんです。

――北野

フィジカルな感覚が抜け落ちている

――これまで良しとされたものが悪となる。コロナ禍で価値観が逆転するような経験をし、これからはより「ちょっとした違和感を逃さない、古い価値観に呪いのように囚われないことが肝だ」というのが、ここまでのお話かと思います。では改めて、どうすれば呪いは解け、違和感に素直でいられるのでしょうか？

北野　その呪いにかかってしまう理由の一つじゃないけど、今、大事な感覚として抜け落ちているものが、やっぱりフィジカル（触感など身体的）な感覚ですよね。

学びもそうですが、仕事や職業も本来もっとフィジカル、頭ではなく身体で感じるもののはずだと思うんですよ。それで今回の本でも、わざわざ準主人公の一人を職人にしました。いわゆるオフィスで働くビジネスパーソンじゃなくて。

山口　ショコラティエの人が出てくるよね。

北野　もちろんフィジカルでなくても仕事は進みます。何ならZoomのおかげで明らかに仕事効率は上がっているし、知的生産者の方がパフォーマンスも高くなっている。そういう人しか生き残れないかもという見解が多く、それもわからなくはないんです。

でも結論からいうと、フィジカルに対するリスペクトを持っていない状態で人間が進化すると必ず飽きとの戦いになって、ろくなことにならないというか。行き着く果ては、それこそ「宇宙を支配しよう！」とかでしょう？　宇宙ビジネスとかね。

山口　その通りだろうね。

北野　世代を超えて支持されているジブリ映画の世界観は、人間中心主義ではなく、いわゆる生命中心主義ですよね。結局、この世は仕事も生き方も人間中心主義と生命中心主義のぶつかり合いなのか、と。

コロナに対するアメリカのトランプ大統領の発言とかももろに人間中心主義じゃないですか。「コロナは敵だ」と言うけど、コロナも生命体ですよね？

山口さんは、今後の生き方とか働き方を考える上で、フィジカルの問題をどう考えますか？

山口　フィジカルなものがないと、やっぱり人間はどんどんarrogant（傲慢）になって、頭でっかちの観念の虜《とりこ》みたいになるからね。それで、結局、全体主義みたいなことを言い始めて多様性とは真逆の方向に行く。まったくその通りだと思う。

一方で、今のこのコロナによるバーチャルシフトをどう捉えるか。コロナでバーチャルシフトが起きたことで、逆にリアルシフトも起こるという考え方もあると思う。

北野　どういうことでしょう？

都市とは、しょせんバーチャルな存在でしかない

山口　今、不動産の動向がすごい乱気流を起こしているよね。僕も不動産屋さんから聞いたのだけど、今まで練馬区とか世田谷区が単純に土地面積が大きくて物件の数も多いからか、検索件数としても多かった。でも、（2020年の）7月になって都内在住の人からの問い合わせや検索ワードで最も多かったものの一つが「逗子」なんだって。もう一つは千葉の木更津だったかな。要は、都心に出ようと思ったらそんなに大変じゃなくて、かつ自然もあるエリアの検索数が上がってきている。『天空の城ラピュタ』じゃないけど、やっぱり、人間は土から離れて生きていけないという命題があるのかなと思った。

北野　バーチャルに寄っていくばかりではない？

山口　コロナが起こってから、都市の歴史について調べたのだけど、今風の都市ができてくるのは13世紀ぐらいなんですよ。

封建領主から逃れた人が自治権を持って、その土地で都市をつくっていく。ヨーロッパの各都市に時計塔が整備され始めるのはだいたい14世紀。都市は一つのシステムとして動くから、みんな同じタイミングで始め、休み、同じタイミングで再開する必要があるよね。宗教活動とかね。だから、時計は中世にニーズが高まった。都市全体の動きの効率をよくするために、リズムを揃えなくちゃいけないという要請があったから。

この流れの中で14世紀から今まで７００年ぐらい、都市に人が集まり続けるトレンドがずっと続いた。何が言いたいのかというと、都市自体がすでにリアルではないんじゃないか、ということ。

北野　と言いますと？

山口　だって、今、唯我くんがいる都内のオフィスもその窓から見えるビル群も、全部、人間が脳の中で考えたものが物質化されているだけだよね？　都市に自然がつくったものはないじゃない？

北野　ああ、なるほど！

山口　「自然は変化します。情報は変化しません」とさっき言ったけど、唯我くんがいるその部屋は明日も明後日もずっと同じ。なぜなら、すでにそれらは情報でバーチャルだから。

北野　それは……すごく面白い。オフィスワークだけじゃなくて、僕のいるこの都市の空間そのものが、もうすでにバーチャルだよってことですね。

山口　そう。オフィスワークは元からバーチャルだけど、それ以前にその周りにあるもののすべてがすでにバーチャル。

最近、知人の商社の人も熱海とかに住むようになってるよ。すぐ裏山に自然が残っているような場所ね。1日8時間がワークの時間、16時間がライフの時間というのが標準的な比率だとすると、8時間はコロナでよりバーチャルに、ライフの16時間はリアル空間に移り始めている。だとすると、フィジカルなものを感じる機会は、逆に増えるかもという気もする。

Facebookが社員の50%を基本的に在宅勤務にすることをアナウンスしたけど、これもう福利厚生の一環や感染リスクの話じゃなくて、単純に採用戦略だよね。

本社のあるサンフランシスコ・ベイエリアは人口775万人ぐらいだけど、コロナで人口流出が続いている。でもリモートでバーチャル空間にワークの場所を移せば、世界中から人を採用できる。中国だけでも人口は13億人。775万人の中から採用するのと13億人の中から採用するのとでは二桁違う。

言語の縛りもなくなり始めた仮想空間

北野　それでもまだリアルとかドメスティックに寄らざるを得ないものもあるのでは？

山口　日本の企業は、まだ日本語というバリアがあるからね。でも、先日マイクロソフトを辞めた澤円《さわまどか》さんと話した時、各国の人が集まるオンライン会議のことを聞いたんだけどすごいですよ。

それぞれの国で会議に入って皆が母国語で話すのだけど、瞬間的に英語に自動翻訳される。アメリカ人、イタリア人、フランス人、日本人が入っていたら、それぞれの発言内容が聞く側のそれぞれの母国語にすぐさま変換されて出てくる。その変換の時間差が、もうほぼ実用段階まで来ているらしい。

北野　すごい。

山口　仮想空間に入ってしまえば、働く場所も言語もフリーになりつつある。

こうなると、純粋に面白い仕事で、報酬水準が良くてという条件が労働市場で求められるようになる。採用やキャリア、組織開発は本質的なものだけ残して、全部一回解体されるのでは？　この辺り、まさにＨＲ（人事）の仕事をしている唯我くんはどう思われますか？

北野　それでも、ＨＲはまだドメスティックな部分が強いと僕は思います。ＧＡＦＡでも入りきれていませんよね。その国ならではの商習慣が根強いですから。ＧＡＦＡが食い込むのは、ＲＯＡ（総資産利益率＝収益性）やＲＯＥ（自己資本利益率＝効率性）が相当高くないと成り立たない構造のビジネス。

つまり、メガ消費が見込まれる分野でしょう？　ＲＯＡが低くなるようなビジネスは面倒だからやりたがらない。

消費には①メガ消費、②インフラ消費、③コミュニティ型消費があるけど、コミュニティ型というのは、いわばエモーショナルで互助的につながっているから強い。地方のバーみたいなビジネスのことです。ＨＲはコミュニティ型のビジネスにすごく近い。ＧＡＦＡより収益率は低いけど、この領域を押さえるのは、生存戦略としてはありだなと思っています。ちょっと、答えになってないかもだけど。

山口　うん。なってない（笑）。でも、言いたいことはわかります。

燃える仕事を見つけられないのは、住宅ローンのせい？

北野　僕、さっきからずっと質問したいことがあって。

山口　ちょっと待って。先にこれだけ質問させて。個々人がより自分にとって面白い仕事を求めるようになるという今の話にもつながるけど、日本経済は事実上、成長していない状態です。今後10年の平均実質成長率も０・７％と予測されている。つまり、一人ひとりの価値を上げないと国も成長できない。

そのために一つ仮説として考えることがあるんだけど、唯我くんの本にも「一番夢中になれることをやるのが、一番パフォーマンスが出るんだ」みたいなことを語るシーンがあるよね？

それぞれが、もう少し労働に対して「一番自分が燃えてやれるな」という感度を上げれば、全体としてパフォーマンスの高い人も増えると思うんだけど、どう？　幸福感受性とかやりがい感受性と僕は言っているんだけど。もうちょい遊びと創造につながるような仕事ね。それを求めるべきだと考えるのだけど。

北野　うん。まさに、そうですね。

山口　本来は、20代や若い時にこそ、いろいろな仕事を試してみて、一番自分のパフォーマンスが上がる文脈や場を見つけることをやってもらわなくちゃいけない。でも、まだ、それが非常にやりにくい社会システムになっているよね。

時計に従うのと同じで、いくつかの社会的なお決まりの慣習、一つは新卒一括採用とか。だいぶ緩んではきたけど、一度入ったら特に大企業ならずっと勤めたほうが正しいみたいな空気がまだある。それがやっと終わって、世の中や仕事がわかってきて、この仕事辞めたい、もっと自分に合った仕事をしたいという時に、今度はロックインされちゃう仕組みがまだある。住宅ローンね。

北野　わかる。それ、一番わかります。

山口　唯我くんも博報堂とかにいたからわかると思うけど、電通の僕の同期とかも「もう辞められない」という。なぜ辞められないのか。住宅ローンなの。本当に。

北野　本当にそう。

山口　だから、例えば、賃貸に対して国が補助を出すなどして持ち家の比率を下げるのも一つの策。そうすると労働市場の移動率は上がる。労働市場での移動の必要のない高齢者には関係ないからこれがすべて正しいわけじゃないけど、ともかく住宅ローンでロックインされる仕組みは何とかすべき。

北野　35年ローンで持ち家みたいなのが呪いを拡大させる。

山口　35年って、ちょうどワーカーとしての賞味期限が切れる期間だよね。それがローンの期間になっているからね。

北野　さらに新築プレミアム（※新築物件に入居した瞬間、市場価値が大きく落ちてしまうこと）がのるじゃないですか。新築プレミアムは、一般的にＢＳ（貸借対照表）で言ったら、20％か30％ぐらい、買った時点で負債が計上されているのと同じことですよ。大きな借金を背負った状態でスタートしている。ちょうど借金が減ってきた頃になって「あれ？　もう、自分も住宅も市場価値ないじゃん」という。

ダブルパンチですよ。変化に対しての対応度を著しく下げる要因ですね。さらに、満員電車に乗らされて、生活全般に対するモチベーションも下がり、生産性も幸福度も下げちゃう構造を生み出している。

最近スタートアップでも、中古の売買やリノベーション・サービスの事業会社が流行っています。日本にとってはいいこと。売買するマーケットが存在したら、一応は解除しやすくなりますよね。変化に対応できるなと見えてくる。

「わびさび」はなぜカッコ良く感じるのか？

――子どもの教育費もロックインする原因の一つだと思います。住宅ローンと教育費との二重ロック。

北野　中高入れたら6年間。さらに大学だと4年間で、私立だともっとだ。

山口　いろいろな仕事を試して腹が固まったら、そこでずっと働けばいい。デンマークでは労働人口の約4分の1にあたる人が1年間に転職する。これに対して日本では1年間のうちに転職する人は労働人口の約20分の1。年々増えてきてはいるけれどね。

北野　雇用の安定性の問題もありますから、単純には言えないけど、改めて、数字でみるとわかりやすいですね。

山口　これをうまくマッチングできたら、ものすごいインパクトがあると思う。じゃあ、最後唯我くんの質問どうぞ。

北野　やっと聞ける（笑）。山口さんは先ほど「オフィス・ビルですら人間の脳の範囲内に収まっている」とおっしゃいました。ということは、人が生み出したものはしょせん自然を超えられないということですか？

例えば、ディズニーランドは人間の想像力によって生み出されて、かなりの人を楽しませている。あれが自然を超えているのかどうかわからないですが、山口さんはどう思いますか？

山口　少なくとも、現時点ではまだ超えてないと思うんですよね。何が一番わかりやすいかって、僕、ビット数だと思う。情報量の違いね。

北野　あ、そのビット数の話は、僕がこの前、山口さんに教えた話です。

山口　そうだっけ？　ごめんなさい（笑）。自然ってやっぱりいつ見ても違う表情を見せてくれる。音も波の音も山に行った時の葉ずれの音も毎回違う。オーケストラの音とどっちが複雑かといったら、圧倒的に自然のほうが複雑です。

人間が作ったものは情報量が少ない。そもそも自然が持つ情報量の多さを人間が作ったものの中にどう入れ込めるかという営みそのものが、アートの本質ですしね。６００

年700年とか経って、風化してやっと、わびさびの趣きとかカッコ良さがでてくる。

本来人間が作った情報量の少ないものに自然の作用で変化が起こって、情報量が増えた状態のことをわびさびと言います。「わびる」というとネガティブなようで、情報量でいえば増えているからポジティブ。だから今の時点で、人間が特に工業製品として作るものは、まだ自然を超えていない気はします。

「スマートシティ」とかもそうだけど、なんかもう、シティという時点でダサい。それなら、腐海（※『風の谷のナウシカ』に登場する、独自の生態系を持つ森のような場所）をつくったほうがカッコ良くない？

自然は情報量が多いからこそ心地いい。波の音、風の音、川の音、木のそよぐ音が心地良いのは、その情報量の多い空間の中で人類はずっと生きてきているから。今のほうが不自然なわけですよ。

北野　めちゃくちゃ、よくわかりました。今の話とかもっと突き詰めたい（笑）。

第2章

「資本主義はもうダメだ」では社会は変わらない。「すきま」を埋める言葉を

近内悠太
Yuta Chikauchi

撮影：伊藤圭

近内悠太（ちかうち・ゆうた）

教育者・哲学研究者。1985年生まれ。慶應義塾大学理工学部数理科学科卒業、日本大学大学院文学研究科修士課程修了。専門はウィトゲンシュタイン哲学。リベラルアーツを主軸にした統合型学習塾「知窓学舎」講師。デビュー著作『世界は贈与でできている——資本主義の「すきま」を埋める倫理学』（NewsPicksパブリッシング）が、第29回山本七平賞奨励賞を受賞。

本章の対談相手は、教育者・哲学研究者の近内悠太さん。2020年3月に刊行した初の著作『世界は贈与でできている――資本主義の「すきま」を埋める倫理学』が、第29回山本七平賞の奨励賞を受賞するなど話題となっています。本書をもとに「資本主義社会をより健全なものにする仕組みは何か」について話します。（2020年11月対談）

売れている漫画の共通点は〝贈与〟にある

――近内さんのデビュー作『世界は贈与でできている』は、世界や人を突き動かす原動力について、「贈与」という、何かを贈り贈られることで、人と人がつながる現象の観点から紐解いたものです。山口さんは、本書にどんな感想を持ちましたか？

山口　贈与という言葉は、すでに古いというか難解というか、一般の人にはなじみが薄いものになっています。贈与というとまず思い浮かぶのは、フランスの文化人類学者、マルセル・モースの『贈与論』ですよね。

贈与論はいわば「行きすぎた資本主義社会を、贈与というお金に変えられない仕組みでどう改善するか」を提唱した論説で、近内さんはここからも発想を得たと思いますが、贈与論はそもそも非常に抽象的で難解。普通ならこのテーマやタイトルで本が売れるとは思わない。何か勝算があったのですか？

近内　担当の編集者が今そこにいるので、「お前、そんなこと考えてたのか？」と言われてしまうかもしれないですが（笑）、実際に今、売れている作品は僕から言わせると全部、贈与論的なものが多い。だから、方向性やキーワードとして間違ってはいないかなという思いは多少ありました。

山口　全部、贈与論的？　どういうことでしょう？

近内　僕がこの本を書き始めたのは2016年なんですが、その年の漫画売り上げランキングトップ3は『ONE PIECE』『暗殺教室』『キングダム』でした。僕の中では、この3作品はすべて「自分が受け取ったもの（贈り物）を、どうやって次の誰かにつなぐか（贈るか）」という物語です。

最近でいうと『鬼滅の刃』もそう。「あの漫画はまったくマッチョではない」「弱さというものがベースにある」というツイートを見て、ものすごく気になって読んでみたんです。

するとまさに贈与の物語だった。弱さを越えて力を本領発揮するクライマックスシーンで、「あの時、こういうひと言を言われていたんだ。贈られていたんだ」という気づきにより力を得て、つまり〝受け取って〟、技が大きく変化し、敵も変化する。「なぜ鬼になってしまったのか」が語られ、最後に自分や周囲と出会い直して、「私は受け取っていたんだ」と気づいて成仏する、救われていく。こういうものが売れるのであれば、贈与はいま世界を語るキーワードかもしれないなと思いました。

『暗殺教室』も贈与の物語をわかりやすく含んでいて、主人公の殺せんせーは特殊な能力を持った人物です。生徒にさまざまな知識や力を与える・贈るわけですが、実はその前に殺せんせーに〝渡した人〟がいて、殺せんせーもまた贈られていたんです。

しかも、殺せんせーの、「私は受け取っていたんだ。でも、それをうまくつなぐことができなかった」という〝負い目〟が、不条理なまでに誰かに何かを差し出そうとする行為につながっている。この負い目を感じる、だからこそ誰かに贈ろうとするという点が大事で、僕にはとりわけ贈与的だなと思えるんですね。こういう贈与の要素が、今、売れている漫画にはあります。

山口　社会の中でそれが今欠けているから売れているのか。あるいは贈与の重要性が認識されるようになったから、売れているのか。どちらなんでしょうか。

近内　どちらかといえば、ユートピアをそこに見ていると思います。そういう世界への憧れの側面のほうが強いのかなという気はしますね。

山口　普通は贈与というと、お土産とかプレゼント交換などを想像するでしょう。あるいは何らかのバラマキなども贈与だと思うかもしれません。

でも、そもそもモースが定義した贈与はちょっと違いますよね。モースはポトラッチなどを例に「必ず返礼の義務のあるのが贈与だ」としています。一方で、近内さんの言う贈与は、モースの定義するこの贈与とも違いますね？

近内　はい。そうですね。

時制のズレのある贈与こそ人をつなげる

――ポトラッチとは北米の北西部沿岸の先住民の儀式のことですね。部族の酋長が互いに贈り物を交換し、その量を名誉をかけて競い合う。贈られた側は、同等かそれ以上の

物を返せない場合、相手に従属しなければならず、贈与や受け取りを拒否することは、戦いを宣言したのと同じ意味になるからできないという縛りもあります。

つまりこうした「贈与」には集団間の争いを防ぐ効果があると言われていて、モースはこの贈与の仕組みを資本主義社会に取り入れて、社会をより良いものにできないかと考えたんですよね？

近内　贈与にはモースの言うように、お金との「交換」が先に立ちがちな資本主義社会をより良いものにするという側面があるとは僕も思います。でも、贈与をモースの言葉のままに単純に引用・解釈すると、すごく平坦というか、その意味するところが誤解されて伝わりがちなんですよね。

モースの議論を敷衍《ふえん》すると、例えば、臓器提供なども議論の射程に入ると思います。臓器提供もある種の善意の贈与かもしれませんが、だからといって臓器提供の登録を「贈与だから」「良いことだから」と全員の義務にしたり、縛りを入れて強制したら、どうなるか。臓器提供者としてのみ生きる運命の人（クローン）を育てる社会を描いた小説『わたしを離さないで』（カズオ・イシグロ著）のようなディストピアを容易に呼び起こしてしまうのではないか。そういう恐れを僕は感じます。

だから僕の解釈では、贈与とはそういう強制や義務的なところがないもの。『世界は贈与でできている』の中でも紹介した本『ビジネスパーソンが介護離職をしてはいけないこれだけの理由』(酒井穣著)に登場する、毎日16時に徘徊する認知症のお母様のエピソードで語られているようなものなんです。

お母様が認知症で16時に必ず外に出ていこうとして、介護離職寸前まで追い込まれていた息子さんがいた。でも「16時」というのは毎日、母親が幼い頃のその息子を幼稚園に迎えに行っていた時間だった。それを知ったことで、解決策も見つかり、息子は16時になるとむしろ幸せを感じるようになったというエピソードです。

『鬼滅の刃』と同じで、自分が受け取っていたことに遅れて気づいた。この「遅れてしまった」「私は出遅れた」「もう返礼できない」という思いが罪の意識、負い目となり、新たな誰かへの贈与を強く促すことになる。こうした、「与える/受け取る」の間に時制のズレがある贈与こそが、人と人をつなげる。世の中をより良いものにする効果のある贈与なんじゃないかと思うんです。

山口　近内さんが今挙げられたのは非常に透明度の高い、贈与ですよね。21世紀の公平な社会を回していく原理としての贈与というか。

　一方で贈与は、取り扱いを間違えるとまさに格差を生む気もします。要はお前は贈与をどれだけできるのかという、贈与できる力の格差です。ポトラッチ的な競争につながってしまい、贈与される力の格差も生まれてしまう。贈与できる力のある人は、贈与されやすくもなるからです。贈与ではなく、交換が起こってしまう。これまでの資本主義社会では、まさにこうした贈与の悪しき点が出ていたのでは？

近内　そうですね。それはまさにそうだと思います。

接待はポトラッチ的贈与

山口　僕はもともと広告会社にいたのですが、ポトラッチ的贈与というと思い出すものがあります。接待です。長時間労働の問題やコロナもあり、夜の飲み会や接待は自粛モードにあると思いますが、有名なイベントで、年賀会というのを1月の上旬にだいたい帝国ホテルの大広間でやるんです。

　ものすごい高級なシャンパンや日本酒が飲み放題で、獅子舞などの出し物も人間国宝みたいな人が出てやる。無論、お料理も超一流のシェフが作ってくれて、全部タダ。こういう場に呼ばれるということは、財界人としてのステータスになる。でも、考えてみると、まさにポトラッチそのものですよね。

ライバル会社とどれだけ金を使って無駄なことに贅をこらすかを争い、招かれた経営者に「贈与されてしまった感」を植えつける。後日「今回の大型プロジェクトはぜひうちに」と言われた時に、この贈与されてしまった感が非常に効くわけです。

近内　僕も今、思ったことがあります。贈与というのは良くも悪くもやはり共同体をつくる力、人をつなぐ力があるんだということです。その帝国ホテルでのポトラッチは、つまり「お前はうちの村の人間だぞ」「うちの村はすげえんだぞ」という「お前は仲間だ。出ていくんじゃねえぞ」というものですよね？

それでさらにちょっと思い出したのが、マルクスの言葉です。マルクスは「商品交換の始まるところで、共同体が終わる」といったことを言っているのですが、まさにこの新年会を思い起こさせますね。

より正確には、マルクスは「商品交換は、共同体の終わるところに、すなわち、共同体が他の共同体または他の共同体の成員と接触する点に始まる」と言っています。

要約すると「共同体の終わるところで、商品交換が始まる」、裏を返せば「共同体の内部には商品交換が無い（＝贈与がある）」といったことを指摘していました。

『ニュー・シネマ・パラダイス』も贈与の物語

――贈与という何かを贈り、贈られる行為は人を強く結びつける。しかし、贈与には良いもの、良い結びつきを生むものもあれば、悪いもの、悪い結びつきを生むものもある。

一方で、『鬼滅の刃』をはじめ、売れている漫画は良い側面の贈与の物語であることが多いとのことでした。他にも、こうした贈与の物語で思い当たる作品はありますか？

山口　考えてみると、映画も「ものすごくいい映画だったな」とか、売れる・売れた映画は、贈与への気づきがテーマであることが結構ありますね。ちょっと古いけれど、『ニュー・シネマ・パラダイス』なんかそうでしょう。さえない映写技師と映画好きの少年の交友の物語で、最後のシーンは特に贈与の良い効果を思い起こさせます。

少年はすでに大人になって映画監督として成功しているのですが、映写技師が亡くなったという知らせを受けて、お葬式に行くと形見を渡された。当時イタリアではキスシーンが上映できなかったので全部カットしていた。カットしたシーンを集めたものを、主人公は子どもの時に映写技師に「ちょうだい」とお願いしていたのですが、それだったんです。

彼は子ども時代、中身を知らずに映写技師にお願いしたのだけど、「やるけど、俺が預かっている」と言われていた。そしてまさに最後に渡された形見が、その膨大な量のキスシーンだけをつなぎ合わせた長いフィルムだった。でも、亡くなってしまっているのでもうお返しはできない。

近内　「もうお返しはできない」というのが、まさに贈与的ですよね。

山口　「ごまかされて、結局くれなかったな」と本人も忘れているようなエピソードだったのだけれども、最後の最後で、映写技師として働く人生の間にずっと、彼のためにため続けてくれていたこと、その「贈与」に気づく。あの映画の醍醐味です。

近内さんが言っている「もうお礼はできない」という時制のズレ、気づきの遅れのある贈与。こういう贈与はものすごくエモーショナルで、こうした贈与に人は強く突き動かされる。

資本主義の「すきま」を埋める、とは？

山口　副題についても教えていただけますか。「資本主義の『すきま』を埋める倫理学」とのことですが、文中でも何回か、資本主義のすきまに触れています。この言葉に込めたメッセージは何ですか？　今、むしろ、資本主義はもうダメだといった本も結構売れています。

近内　僕は普段、知窓学舎という塾で数学を教えていますが、教育を仕事にする中で、そんなに簡単に他者は変化しないし、動かないという思いを持つようになりました。

実際、生徒に何回同じ話をしても聞いていないこととか普通にある。ただ単に言葉や知識を教えるだけでは覚えてくれないのだけど、遠回しでも、まさにすきまを埋めるように物語的な言葉で語ると、ふとした瞬間に生徒が変わってくれる。自ら考えて行動してくれるようになるという感覚が非常にあります。

社会を何か変化させたいという時も同じで、いきなり資本主義はもうやめろとかダメだとか全部変えようとすると多分失敗する。先ほどお話しした臓器提供の登録と同じで、善の行為であっても強制した途端にディストピアが生まれてしまう。
だからむしろ、すきまを埋めるところから、遠回りなところから始めるべきだ。そういう意味を込めています。

山口 贈与もあくまで資本主義のすきまを埋めるためのものにとどめないといけない、ということですね。「とてもいいので、贈与させるための仕組みをつくりました。みんながてきるようにしました。どんどんやっている人が増えています」としてしまうと、非常に危険な全体主義を呼び込む鈴になり得る可能性がある。

近内 そうです。すきまという、暗黙の、すごく隠されたところに潜んでいればいい。明示的なものとして語った時に遊び心みたいなものが全部消え失せてしまって、贈与の、もらったことに「気づかない」「気づけなかった」といった最も大事な要素が消えてしまう気がするんです。

教育制度もそうかなと思うのですが、授業の終わりに生徒から「はい、じゃあ今日いくらです」とお金を集めたりは普通はしませんよね。

当然、親などを通してお金はもらっているのですが、いったん学校や塾に支払われたものが教師や講師に支払われ、教師らは「あの授業のこの部分がこのお金だな」とかはあまり思わない。そこは通常は隠されていて、生徒に対峙している時は、金銭について ほぼ考えずにいられる。これは資本主義だからできていること。市場経済の中でやっているから、こういう場を立ち上げられるんだと思います。

実際は、極めて交換的なもののやり取りをしているけれど、いったんそれがなかったことにされている。学校など実際、さまざまな形を我々はすでにつくってきたはずです。

受け取っていたことに気づくことはできる

――資本主義も決して悪いことばかりではなかったのかもしれませんね。

近内　大事なのは、受け取っていたこと、贈与に気づくという能力は万人に等しく与えられているということ。今、自分は与えられていないと思っている人が多くて、それがいろいろな分断を生んでいる。「私は受け取っていない」と思ったり、言ったりしがちですが、「でも何かは受け取った経験があるんじゃないか」と。そこに気づくことだけは誰にでもできるはずです。その気づきで社会が良くなっていくんじゃないかと思うんです。

山口　次の作品、今もう何か書いているんですか？

近内　やはり人と人の間のこと、「我と汝」の話だったり、コミュニケーションだったり、自由意志の問題だったり。結局どうすれば僕らは甘えたりできるんだろうねということを書きたいんです。

『鬼滅の刃』ではないですけれど、どうすれば弱さというものを何とか認めながら人間らしく振る舞うことができるか、ということはずっと考えています。

リーダーであるほど「助けてください」と言える

山口　「助けてください」と、いかに言えるようになるかですね。これ、リーダーシップ論でもよく言われるんですけど、実はリーダーであればあるほど適切な時に「助けてください」と言えるんですよ。

近内　面白いですね。その判断がちゃんとできるというのがリーダーの条件だということですね。

私はこれまで塾で数学を教えてきたのですが、大学受験とか入試のために何かを教えるというのは、もうそろそろいいのかなと思っています。それと関係なく「マルクスって何がすごいかというと、こういうことで……」とか、「フロイトっていうのはね」とか、大学1～2年生が大学で学ぶ教養講座みたいなものが、なぜ一般向けにないのだろうと思うんです。

どこそこの偉い先生が出てきてというのは、今でもカルチャーセンターなどではありますが、もうちょっと若い世代に語れる場があればいい。大学とかではなく市場経済の中で勝手にやっていけばいいかなというのは、ちょっと思っています。

山口　それは、ぜひお願いしたい。楽しみです。

大事なのは、受け取っていたこと、贈与に気づくという能力は万人に等しく与えられているということ。今、自分は与えられていないと思っている人が多くて、それがいろいろな分断を生んでいます。

――近内

第3章

五感から情報化するために人間は「ノイズ」を求める

養老孟司
Takeshi Yoro

撮影：吉田和本

養老孟司（ようろう・たけし）

解剖学者。1937年、鎌倉市生まれ。東京大学医学部卒業後、解剖学教室に入る。1995年、東京大学医学部教授を退官し、同大学名誉教授に。1989年、『からだの見方』でサントリー学芸賞を受賞。大の虫好きとして知られ、昆虫採集・標本作成を続けている。著書に『唯脳論』（ちくま学芸文庫）、『バカの壁』『遺言。』（ともに新潮新書）、『日本のリアル』『半分生きて、半分死んでいる』『文系の壁』『AIの壁』（いずれもPHP新書）など。

本章の対談相手は、解剖学者の養老孟司さん。人工物で作り出された都市を「脳化社会」として身体性の喪失について警鐘を鳴らし、『ＡＩの壁』では人間の知性を問い直しています。ＡＩに代替できないように人間が機能するには、頭の中の概念的な情報のほかに身体的な情報を入れることと言います。そうしたバランスを取って人間らしく生きていくにはどうすればいいのでしょうか。

（２０２１年２月対談）

都市は、実は情報がすごく少ない

山口　新型コロナという1年半前には想像しなかったことが起こりました。先生は以前から一種の思考実験として「鎖国してみたらいいんじゃないか」とおっしゃっていましたが、事実上そうなった。環境が劇的に改善されるなど良い側面も注目されていますが、この事態をどうご覧になっていますか。

養老　来るべきものが来たと思いますね。パンデミック自体は予想していた人もいました。ただ実際起こってみると、初めて経験することだからびっくりしますね。

山口　都市に人が集中するから疫病が流行するわけですが、これまでは都市化を逆行させよう、分散させせようという動きは起こらず、都市化やグローバルな人の往来という流れは止められなかった。人が集まった方が便利だし効率がいいということで。

ところが２０２０年5月、初めて東京の人口が転出超過となりました。明治元年から、人口がほぼ増加する一方だったのが減少に転じた。上場企業の50％は東京に本社があり、これまで毎日８００万人が東京に通勤していました。でもテレワークになったら意外とスムーズにできた。これまで都市部に住んで毎日出勤していたのは一体なんだったのか。

先生は脳化社会、唯脳論ということをおっしゃっています。6年前に私が東京から葉山に引っ越した時にも感じましたが、都市は、実は情報がすごく少ない。東京は情報過多と言われますが、逆です。都市は人間の脳がつくり出したものでできていて、３６０度見回しても人工物ばかり。

歴史を見ると、疫病は数百年ごとに流行して、世の中が大きく変わるきっかけになっています。今回、都市に集まる必然性が見直されて、大きな変化が起こるといいなと思います。先生は以前から都市の問題について論じておられますが、今後どのようなことが起こるとお考えでしょうか。

養老　そういう予測はちょっと、難しいと思います。大体当たらない（笑）。当たり前に戻ってきたんですよね。

人間の歴史は、情報化の時代と身体化の時代の繰り返し

養老　人間の歴史は、情報化の時代と身体化の時代が螺旋状に繰り返されています。縄文時代は身体化の時代でした。弥生時代以降、情報化社会に変わっていきます。

文字の伝来は、当時としては完全なＩＴ（情報技術）です。本人がいなくても話が伝わるというイノベーションが起こった。「詠み人知らず」はその典型で、詠んだ人の実体は不明でも歌だけが形を変えずに残る。情報の特徴ですね。

乱世になって再び身体化の時代に戻ります。面白いことに、鎌倉時代は意外に文章の記録が少ない。鎌倉時代末期には誰が執権だったかさえよくわかりません。身体化の時代でしたから、文字に残さない。情報化された時代、つまり脳化社会では、身体化の時

代は野蛮で遅れていると見られていた。ですから平将門以来、関東は都から見た辺境でした。江戸時代になって再び情報化社会に戻ります。

日本の歴史を振り返って、思想の上で一番大きな切り替わりは平安時代から鎌倉時代です。当時書かれた『方丈記』や『平家物語』は、いずれも諸行無常と言っています。気がつくとすべてのものが移り変わっているじゃないかと。ところが文字に書くと移り変わらない。平家物語のテキストは700年経っても同じです。それが情報の特徴ですから。万物流転という言葉はギリシャ時代に生まれて流転することなく残っていますそういう普遍のものを情報と呼ぶ。現代は典型的な情報化の時代です。

では情報になっていないものから情報に変化するところで何が起こっているのか。いま私が関心を持っているのはそこです。田舎で暮らしていると五感からさまざまな情報が入ってきます。具体性の強い情報です。五感から概念へ変化していく。都会にいると、そのことに気がつかない。全部省略していますから。僕はそれを情報化と言っています。情報化という言葉はごく普通に使われますが、情報でないものが情報に化けることがどこでどのように起こるのか。脳の中ですけどね、もちろん。

便利さだけ追い求めると、五感からの情報が見過ごされる

山口　私はもともとコンサルティング会社で企業経営に携わる仕事をしていました。アメリカの会社に長くいて、聖書の影響を強く感じました。モーセの十戒では偶像崇拝を禁止しています。モノにするな、具体にするなというわけです。時間が経っても場所が変わっても、聖書の言葉は不変です。ところがモノにすると現地化してしまう。

欧米の会社では、会社のビジョン・ミッションが明示されています。ミッションという言葉自体、キリスト教の言葉ですね。世界中どこでも「これに従って仕事しなさい」というわけです。言葉にすることで普遍化する。そこに当てはまらないものは現地の状況に合わせてなんとかする。つまりグローバルの基準とローカルの基準が共存する。ダブルスタンダードは、カタストロフィーを避けるためのひとつの知恵とも言えます。

一方で情報技術、現代ではインターネットをアメリカが主導して、あらゆる場所を普遍化させつつあります。コロナによる事実上の鎖国で現地化せざるを得ない状況と、インターネット上の仮想空間で同じ情報が流通している状況が同時に起こっている。もと

もとコミュニケーションは五感を通じてするものですが、コンピュータの画面越しに行うようになって、プライベートな生活空間は田舎に置いたままにできるようになった。そこで五感を全開にするので、ある意味引き裂かれているような状況が起こっていますが、これは健全な方向に向かうのでしょうか。

養老　向かわざるを得ないと思いますね。個人がまともに機能するには、身体的な情報と頭の中の概念的なもののバランスを取らなければならない。東京は、そのバランスが完全に頭の方に寄っています。それが行き過ぎだということは感覚的にわかるから、田舎に行きたくなる。当たり前です。

毎日踏みしめている地面も、東京はどこまでも平坦で、硬さも同じです。いま私は箱根にいますが、ただ歩くだけでも全然違います。そういう日常からの感覚情報をできるだけ一定にしてしまったのが都市です。五感から入ってくる情報をノイズとして極力排除してできている。

若い社員も仕事の報告をメールでするでしょう。上司の顔を見たくないんです。これはとうの昔に医学で起こったことです。患者さんの顔を見ずにカルテを見る。ノイズを削ぎ落とすんですね。田舎に行くとそのノイズが中心になる。ＡＩ化されていない、データ化されていない情報が入るようになります。

「同じ」という概念が言葉をつくった

養老　最近、『遺言。』という本にまとめましたが、動物と人の違いは、意識の中に「同じ」という機能があるかどうかです。同じにするから概念が生まれる。動物にしてみれば、リンゴは一つひとつ違うものです。しかし、私がリンゴと言った時、相手も私と同じものを考えている。それが言葉の成り立ちです。「同じ」に括っているわけです。

人は成長するにつれて絶対音感を捨てます。捨てないと、言葉が成立しません。動物は音の高さ、振動数に頼るので、振動数が違えば違う言葉になります。だから動物は言葉を覚えない。ところが人間は振動数が高くても低くても、言葉で識別する。小さい時からピアノを習っている子どもは、ピアノの音を中心に聞いているから絶対音感が残ります。

２０２０年に出した『ＡＩの壁』で対談した、新井紀子さん（国立情報学研究所教授）のレポートで一番印象的だったのは、彼女のいう読解力が中学生の段階で飛躍的に伸びるという話です。僕も中学生を教えていたことがありますが、中1と中3ではえらく違う。その間に急激に何かが変わる。では、そこで何が起こっているのか。

中学の数学になると文字式が出てくるでしょう。小学校では3+3=6と習っていたのが、2x=6ゆえにx=3という方程式が入ってきます。子どもによっては、これが受け入れられない。xは文字で3は数字なのに、x=3でいいのかという疑問に突き当たります。さらに、a=bになると大変です。aとbは違う字でしょう、a=bならbはいらないじゃないか。子どもの時の感覚入力から、算数から代数に切り替わるところで、概念化するようになります。

たいていの子どもはa=bを受け入れるんです。動物は感覚所与を使って生きています。目に光が入る、耳に音が入るのは感覚所与です。感覚所与と、頭で考えたa=bという結論をどうやって両立させるか。そこで、ある種の倫理観が決まってくるんじゃないか。倫理観は聖書やコーランではなく、学校の教育と関係している。それが中学生の段階で形成されるんじゃないかと思います。

山口　面白いですね。その違和感を拭えない子がいるんでしょうね。『遺言。』の中で、黒色で「白」と書いたら、動物は「黒じゃないか」と言うだろうと書いておられますね。実際に白いものと「白」という漢字を並べて、これは同じなんだと言われても、a=bの話と同じように、まやかしじゃないかと思ってしまいますよね。

身体を使って世界と向き合う体験が抜け落ちている

山口　これまで情報の精度と物理的な距離は、トレードオフの関係にありました。精度を高めようとすれば距離を縮める。距離が遠くなれば情報の精度が下がる。両立しようとすると金がかかる。けれども、この30年くらいで急速にこのトレードオフがなくなりました。

少なくとも先進国では、都市に住む必然性がなくなりつつあります。移動や輸送によって二酸化炭素が出ますから、環境への負荷も高い。にもかかわらず、場所代の高い、環境的に人間が生きていくのに不自然な場所に集めて働かせる。

先日、友人から聞いた話です。子どもが友達の家に遊びに行って、コンロの火に手を突っ込んだそうです。友人の家はオール電化で、子どもは火を見たことがなかった。青いきれいな炎を初めて見て手を伸ばしたというんですね。我々は非常にいびつなことをやってしまっているのではないか。都会のタワーマンションの高層階に住んで、窓を開けられず、暑いのか寒いのか、風が吹いているのか、湿気があるのかすらよくわかりません。

先生は以前から、人の育て方には広さと深さの2通りあるとおっしゃっています。これは情報と身体性という言葉に置き換えられます。数式や英文法を覚えるのは、広さであり情報です。世界を深めるのは身体性であり、美意識にも通じるもので、結局は五感を鍛えるしかないとおっしゃっていますが、そこは田舎と馴染みがいいのでしょうか。

養老　日本の場合は特にそうですね。砂漠に連れていってもどうにもならないので。

山口　うちの子どもがヨットをやっているので、よく海に出ます。必ず天気予報を確認しますが、一番正確なのは漁師さんの予報なんです。「なんでわかるんだ」と聞いたら「なんとなくわかる」と。非言語的な情報を見極めて解釈できる。自然という書物を読み取る力を持っています。

養老　虫捕り上手なやつは、ここに虫がいるってわかるの。

山口　なぜわかるかは言語化できないんですか?

養老　それはちょっと面倒臭すぎるでしょ（笑）。

山口　先ほどノイズとおっしゃいましたが、シグナル（信号）とノイズ（雑音）の比率を電子工学ではＳＮ比で表しますよね。でも意味を持つシグナルとノイズの線引きは人によって変わります。ある人にとってはノイズに過ぎない風の音を、漁師が聞くと有用な情報になる。シグナルとノイズを切り分けるのは、やはり脳ですよね。あるいは入力装置の感度。

本屋に行くと「どうやったら頭が良くなるか」「上手に伝えられるか」という本がたくさんあります。「入力・情報処理・出力」というプロセスの中で、情報処理や出力についてはたくさんのハウツー本がありますが、入力についての本はほとんどない。あっても速読術の本ですが、本は二次情報です。工場でいうなら資材を納入することなく、いかに生産性を上げられるかというのと同じです。本来は、身体や五感を使って世界と向き合って、何かを読み取ることが入力ですが、その部分がごっそり抜け落ちています。

最近、アメリカではビジネスパーソンを美術系の大学院に派遣したり、医師に絵を見せたりするトレーニングが行われているそうです。たくさんの絵画に触れて読み解くというトレーニングを一定量することで誤診率が減るというレポートが出ています。

子どもをどういう環境に置くか

養老　いま一番関心があるのは教育です。特に子どもをどういう状況に置くか。何を教えるっていうんじゃないんです。子どもは置かれた状況で、自分で入力を探しますから。入力に応じた出力をして、その循環が脳の中にプログラムをつくっていきます。

蝶は一定の道を飛びます。蝶の個体数が多い熱帯では、蝶道が目に見えます。たくさんの個体が続けて飛ぶので、空間にサインカーブのような蝶の道が出現する。なぜ一定のルートを飛ぶのか。それは入力、つまり周辺からの光に反応しているからです。葉っぱや水たまりに反射する光を受信して飛ぶ。葉っぱ一枚落としても飛び方が変わります。虫にとっての環境は、それほど細かい。たぶん子どももそうだと思います。大人がこういうものを与える、与えないという話ではなく、大人が気がつかない細部に反応しているのではないでしょうか。

山口　教育について私が懸念しているのは、予見性を求める人が多いことです。これをやることによって、どれくらい役に立つのか。お金を出すのは親ですから、役に立つはずだと英語やプログラミングを習わせます。先生が『ＡＩの壁』で対談された新井紀子さんは「子どもにプログラミングを習わせるなんてＡＩの奴隷を育てているようなもんだから、おやめなさい」と10年以上前から言われていますね。

五感から入ってくる感覚の大切さを親自身が知らなければ、役に立つと思うものだけ子どもにやらせる。教育は本来、事後的なものだと思います。何の役に立つかよくわからないけれども、子どものセンス・オブ・ワンダーが刺激されることをやって、50年経って、あれが良かったのかもしれないなという。

役に立たないことこそが本質的に役に立つことがある

山口　先生は、役に立つ・立たないという議論の不毛さを指摘され、虫を探したり分類するのは現代社会では役に立たないことの筆頭だとご自身で言われています。役に立たないことこそが本質的に役に立つことがあるという構造は、共有が難しいテーゼですね。

養老　まあ、不要不急という言葉が公に通用しているくらいですから。そんなことといったら年寄りはみんな不要不急ですよ。

山口　私もちょうど今年で50になります。ＧＡＦＡ創業者たちが創業した年齢を調べると、平均年齢が24歳でした。ＧＡＦＡって「役に立つ」ことの帝王ですよね。とにかく役に立つ、便利にするということを推し進めて、それが世界中を席巻する。その創業時の平均年齢は24歳。

50年前、老人は尊敬される存在でした。数十年に一度の災害が起こるとして、前回の災害を知っている長老がコミュニティに１人か２人いる。「40年前にも同じことがあった。ここに逃げたらみんな死んだ。あっちに逃げろ」という知恵によってコミュニティの存続が左右される。

ところが、知恵や経験則はインターネットの仮想空間に蓄積されるようになりました。そして「役に立つ」会社ばかりが時価総額ランキングの上位に並んでいて、その創業者は若い人ばかり。なかなかさびしい時代です。

養老　この間、タクシーに乗ったら、運転手さんが「私なんか団塊の世代の後始末して生きてきたようなもんですよ」と言っていました。明治維新もそうでしたが、時代が大きく動くと、後始末が非常に大変です。誰かが後始末をして、まともに戻していかなければいけない。だから後始末の世代というのがあるんじゃないですか。

いま先端のところを見ていると、マイナスは見えません。でも必ずあるんですよ。物事は必ず裏表がありますから。年寄りが唯一知っているのはそういうこと。

山口　スペインの哲学者オルテガは「慢心した坊ちゃん」と言っていますね。科学の力で自然をコントロールできるんだという人々を指した言葉です。その状態を脱するためには「死者との対話」が必要であると。

これは古典を読んだり、過去の哲学を学べということですが、先日、義理の実家に行った時、オルテガの言う「死者との対話」はこれだなとストンと腹落ちしました。仏間にご先祖の遺影が並んでいて、生きている我々に眼差しが注がれている。これは一種の知恵ですね。自分がやろうとしていることに、「じいちゃんだったら何ていうかな」「ばあちゃんだったら」と想像する。その対話のための装置なんだなと。

高報酬・抽象的な仕事ほどAIに取って代わられる

山口　人類学者のデヴィッド・グレーバーが書いた『Bullshit Jobs（邦題：ブルシット・

ジョブ――クソどうでもいい仕事の理論)』という本では、職業別にブルシット度合いを調査して算出しています。そのリストを見ると、AIに代替されやすい仕事ほどブルシットの度合いが高いそうです。究極は金融工学のトレーダーでしょう。投資銀行のオフィスにかつて何百人もいたトレーダーはAIに取って代わられてしまった。扱うのは抽象化された数字で、新井先生の言葉で言えば「フレームが切れている」、つまり参照すべき外部の文脈もないので、極めてAIに馴染みが良い。そしてブルシットの度合いが高いと。

しかもトレーダーのような職業は報酬が高い。つまりAIに切り替えればコストカットにつながる。抽象的な情報を扱う職業で、報酬の高いものほどAIに切り替えやすい。これはある意味でいいことなんじゃないか。そういう仕事はAIにやってもらい、先生のおっしゃる「参勤交代」をやって、人間は田舎に住んで畑を耕すことができます。

最近、近代化の反逆が起こっていると感じます。家を建てる人の間では薪ストーブが流行っているそうです。わざわざお金をかけて、19世紀以前の暖の取り方を入れたがる。さらに最近、アメリカでは40年ぶりにレコードがCDの売上を抜いたそうです。共通点は情報量の多さでしょう。薪が爆《は》ぜる音、木材ごとの炎の色やゆらめき。CDはある周波数以上の音をカットしてしまいますが、レコードは違います。ノイズを削ぎ落として便利さを追求した結果、身体的な飢えともいうべきものが出現して、近代化の反逆に向かう。

養老　僕はゴルフが流行った頃にそう思いましたね。なんでわざわざ野原に出ていって、大の男が棒振り回して球打つのかって（笑）。ゴルフの流行と同時に、日本中から草原がどんどんなくなりました。いま一番絶滅が危惧されているのは草原の虫です。草原は平らで人が利用するのに都合が良いですから、すぐ何かに使っちゃう。

山口　日本だと、まず畑にしますよね。

養老　畑というのは、虫にとってはおよそ具合の悪いところです。農薬漬けですから。いま草原性の珍しい虫は田舎の海岸の近くで採れるんです。海の近くは畑になりにくいので、農薬も撒かれず、比較的自然が残っています。

山口　先日行った兵庫県豊岡市では、コウノトリの人工繁殖と野生復帰に取り組んでいます。コウノトリは田畑の水棲生物を主食にしているので、農家は冬の間、田んぼから水を抜けない。地域の農家全体が協力して野生のコウノトリをよみがえらせるという価値観の転換、奇跡のようなことを実現しています。

養老　地域全体でやらないとだめですね。朱鷺《とき》も同じでしょうね。

いま普通の生き方というものが溶けてきている

山口　教育のお話がありましたが、フィンランドの教育が注目されています。年齢やカリキュラムを固定せず、教室の中で数学をやっている子もいれば国語をやっている子もいる。先生は教えるのではなくアドバイスする。あれが先端だと言われていますが、考えてみれば江戸時代の寺子屋は同じことをしていました。

ＩＴによって弁証法的に新しいものが出てくるように見えますが、それは古くからあったものが螺旋状に進化している側面もあります。

養老　学校に子どもを集めたら、遊ばせておけばいいんです。フリースクールをやっている人がいて、小学校の間は、何も勉強させないで子どもを遊ばせておくそうです。中学に入り、1学期か2学期に勉強すると、あっという間に成績トップに入っちゃう。いまの教育は、小さい時からモチベーションを殺しているようなものです。

大学で一般教養を教えていた時のことです。机の上にコップがあって、そこにインクを一滴落とす。しばらくしたらインクが消える。なぜかと聞いたんです。理科系の学生が履修するクラスで、前列に座っている真面目な学生からどういう返事が返ってきたか。「そういうものだと思っていました」と。これまで小中高で彼らが学んできたことは、いかに考えることなく上手にバイパスするかということなんだなと。「そういうものだと思っていました」。それは一番考えないでいい答えですよね。

山口　問いと答えの関係が成立しないものについては、もう考えない？

養老　一番省エネでしょ。どんなことがあっても、理由を聞かれた時に「そういうもん

机の上にコップがあって、そこにインクを一滴落とす。しばらくしたらインクが消える。なぜかと聞いたんです。真面目な学生からどういう返事が返ってきたか。「そういうものだと思っていました」それは一番考えないでいい答えですよね。

――養老

だと思っていました」と答えればいいんですから。世の中を渡っていくにはこれだけでいいと学校でよく学んだんじゃないですか（笑）。

山口　いま普通の生き方というものが溶けてきていますよね。毎日職場に行くことも100年間ずっと続いた当たり前のことでしたが、家にいながら仕事ができるようになって、もはや都市に会社を置く必然性もなければ、その近くに住む必要もない。「どこに住んでもいいですよ」と言われた時、放り出された感じがすると思うんです。

養老　非常に生きにくい状況。

山口　いきなり放り出されて「どういう風に生きたいのか考えなさい」って。考える力のあるなしで人生のクオリティが変わってしまうわけですよね。

養老　私は57歳で大学を辞めて、1年浪人していました。毎日が日曜日状態で、さてどうしようって。結局そういう問題ですよ。

人間社会を「塀の上」から眺める

山口　最後に、私個人の悩みもあってお伺いしたいことがあります。先生は1980年代から、さまざまな著作を出版され、現代の社会に警鐘を鳴らしてこられました。大勢の方に支持される一方、世の中は、先生の提言と違う方向に突き進んでしまっているようにも見えます。

過去の哲学者には、精神を病んだり、自ら命を断った人も多くいます。夏目漱石は『行人』で、「自害するか発狂するか宗教に入るか、僕の前途にはこの3つしかない」というようなことを登場人物に言わせています。これは漱石自身の心境だったのではないかと思います。その後の『こころ』では、先生は自害してしまい、『門』では主人公が鎌倉・円覚寺に参禅する、つまり宗教に入ります。

先生の目にはいろいろなことが見えていて、こっちの方向に行ったら良くないという確信がある。でも説得は難しいし証明もできない。私自身、著作や講演を通じて世の中に訴えているつもりですが、なかなか本丸に届かない。政府の中枢や大企業の中で「この国は俺たちが動かしているんだ」と思っている人たちは、ある種のモメンタムに絡め取られていて、濁流の中を必死に泳いでいて、顔を上げて見渡す余裕すらない。こうした状況の中で、なぜ先生は諦めず発信を続けてこられたのでしょうか。

養老　漱石の例を出されましたけれど、あれは、ある意味で世間に埋没しちゃったわけです。私は虫の世界がありますから。全然違うものが半分以上。人間の社会というのは全部じゃありません。たかだか半分。

山口　先生にとっては、虫の世界、虫との時間が非常に大事だと。

養老　正気を保つのに最も重要ですね。最近、猫が死んだんでね。猫も大事だったんですけど。役に立つわけでもないのに、あれでも生きている。いま猫を飼っている人が多いでしょう。みなさん、どっかで人間の世の中が嫌なんじゃないですか。

山口　そういえば漱石もずいぶん猫を可愛がっていました。寺田寅彦が猫についてしみじみと書いていますよね。私は猫に感じるような、猫との間で交わしているような愛情というものを、人間との間でもできたらどんなにかいいだろうと。猫なのか虫なのか、どこかによすがを持っていないと、憑き物に憑かれて自分に戻れなくなってしまうのでしょうか。

養老　私は、それを「塀の上」と言っています。人間がつくった社会は、人間に合うようにできていますから。塀の上から内側に落ちたら、巻き込まれてしまう。外側に落ちたら、人間社会と無関係の異邦人になってしまう。世の中全体を見ようと思ったら、塀の上に立つしかないんです。

山口　だからこそ生まれる心の余裕もあるということですね。ありがとうございました。

第4章

タンザニア商人に学ぶ 制度や組織に頼らない生き方

小川さやか
Sayaka Ogawa

小川さやか（おがわ・さやか）

文化人類学者。1978年、愛知県生まれ。専門は文化人類学、アフリカ研究。京都大学大学院アジア・アフリカ地域研究研究科博士課程指導認定退学。博士（地域研究）。日本学術振興会特別研究員、国立民族学博物館研究戦略センター機関研究員、同センター助教、立命館大学大学院先端総合学術研究科准教授を経て、現在同研究科教授。『都市を生きぬくための狡知――タンザニアの零細商人マチンガの民族誌』（世界思想社）で、2011年、サントリー学芸賞（社会・風俗部門）受賞。そのほかの著書に『「その日暮らし」の人類学――もう一つの資本主義経済』（光文社新書）がある。

タンザニア商人たちの経済活動を研究する文化人類学者の小川さやかさん。著書『チョンキンマンションのボスは知っている アングラ経済の人類学』は、河合隼雄学芸賞と大宅壮一ノンフィクション賞をダブル受賞。小川さんがタンザニア商人から学んだ、人間関係に「借り」を残すことの意味とは？ ルールに縛られないタンザニアの「インフォーマル経済」から、日本社会が不寛容な理由を考察します。（2021年5月対談）

会社や組織に属さずに「Living for Today」（その日暮らし）で生きる人々

山口　現代の日本を生きる我々は不安を抱えて生きています。会社の先行きがどうなるか、年金はもらえるのか、漠然とした不安をみんなが抱えている。組織から放り出されたら取り返しがつかないと思うから必死でしがみつく。

しかし歴史を振り返ると、終身雇用が一般的になったのは昭和30年頃以降のことです。明治時代の統計では、いわゆる事務職の平均勤続年数は約6年で、定年まで面倒を見てもらうという考えもありませんでした。けれども今、会社や組織というセキュリティシステムのない社会を想像することさえ難しくなっています。

小川さんはタンザニアで、会社や組織に属さずに「Living for Today」（その日暮らし）で生きる人々を調査されていますが、日本社会をどのようにご覧になりますか。

小川　私はインフォーマル経済、つまり政府の雇用統計に掲載されない零細な自営業や日雇い労働で暮らす人々を研究しています。タンザニアの大都市ムワンザ市では、マチンガと呼ばれる行商人や露店商を調査し、私自身も参与観察の一環で行商をしていました。私が滞在した2000年代前半、タンザニア都市部の労働人口の約7割がインフォーマル経済を主たる生計手段としていました。

今回のコロナ禍で、中国の工場も休業になり、中国や香港で商いをしていたタンザニア人の多くが帰国しました。ある友人は、コロナによる不景気で治安が悪くなるから警備会社をやろうと思いついたけれど、正規の警備会社をつくるのは大変そうだから、〝もどき〟を考えた。警備会社の警備員の制服を撮影して、近所の仕立て屋さんに「同じやつ作って」と頼んで、仕事にあぶれている若者たちに着せて、インターネット広告を出して、帰国して数日後には商売を始めていました。

小川さんが在外研究のため半年間滞在した、香港の目抜き通り彌敦道（Nathan Road）に立地するチョンキンマンション　撮影：小川さやか

山口　実は僕も昔、警備員のバイトをやっていました。こんな脆弱《ぜいじゃく》極まりない人間が研修を受けただけで、「右よし、左よし」とやっていましたから、実は日本も同じかもしれません（笑）。

小川　「儲かる可能性があるならやってみよう」と気軽に商売を始めるので、1人で10や20の事業を手がけていることも珍しくありません。店の売り上げは日本円で1日わずか数千円でも、自宅で飼っている鶏の卵を売って数百円、運転手を雇って中古バスを走らせて5千円、床屋に道具を貸して、プリンタをリースしてというように、小さな商いを積み重ねて、合計すると結構な収益になります。

自分のものを買う時にも、まず転売できるか考えます。1人暮らしの友人が巨大な電気ポットを買うので不思議に思って尋ねると、アフリカ人は大家族だから1人用のポットを買っても売れないじゃないかと。

法や制度上はグレーでもまずはやってみる

山口　オフィスに勤めていた人が突然クビになっても何もできないが、行商人は商品をすべて盗まれても、次の日から商売を探して歩き始めるというインタビューも印象的でした。僕も昔、フリーマーケットに5年ほど出店したことがあります。1日20万円近い売り上げがあって、当時働いていた広告代理店の給料よりいいじゃないかと（笑）。

個人で物を売り買いしたり、イニシアティブを取って何かを始めたりする経験の有無で、組織に依存する度合いが大きく違ってくると感じました。

小川　日本で起業しようとすると、起業セミナーを受講して役所に申請して、正式な手順を踏まなければと考えがちですよね。タンザニアの人たちは、法や制度上はグレーでも、まずは試しにやってみようと始めます。公的なセーフティネットを提供できない政府は、薬物の密売などの明らかな犯罪でなければ、インフォーマル経済を容認していま す。ですから思いついた時に行動に移すことが簡単で、なんとか自力で生き抜いていける側面もあると思います。

十分な社会保障を提供できない上に規制ばかり強化したら死にますから、規制するなら公的な保障を充実させてほしいとなります。これは政府にとってもしたたかな戦略で、インフォーマルな経済があるから公的な社会保障への要求が高まらないとも言えます。

でも本当は、公的な保障と自助は、どちらも大事ですよね。現在の日本でもできることはあるはずです。警備会社もどきは違法ですが（笑）。シェア・ビジネスやオンライン取引が増加したいま、家にある家電製品を誰かに売るとか、空いた時間にこれをやってみようというアイデア自体は、その気になればいくらでも考えられますし、むしろ知識がある分、アイデアは生まれやすいはず。

ただフォーマルな制度から逸脱しては生きていけないと強く思っているので、会社や組織から外れまいと悩み苦しんでいるのではないでしょうか。

インフォーマル経済がセーフティネットに？

小川　先日逝去したマグフリ大統領は反汚職キャンペーンを展開しましたが、かつてタンザニアの役所では、書類にハンコ一つ押してもらうのにも、ボスが今日いないだの、プリンタが故障して印刷できないだのと言って、一向に物事が進みませんでした。さっきボスと廊下ですれ違ったけどと思いながら素知らぬ顔をして、「そういやお土産を渡すのを忘れていたわ」などと袖の下を渡したりすると、あっという間に物事が片付きます。行政に知り合いがいると、本来なら1年分しか下りない調査許可が3年分下りるなんてこともありました。

これはもちろん職務倫理違反、汚職ですが、こうしたことをするのは決して行政官や企業の人事担当者だけではありません。バスの運転手は仲の良い人をタダで乗せ、小売商は顔馴染みになると卸価格で売ったりする。友達がたまたま自分が困った時に融通を利かせてくれただけであるという感覚です。

そうした人間関係を広げていけば、いざという時に困らないとも語ります。日本人の

香港で亡くなった交易人仲間の葬儀を話し合うため、タンザニア最大の都市・ダルエスサラームに集まったタンザニア人たち　撮影：小川さやか

感覚では「ずるい」とされますが、彼らにとってはこうしたことが草の根の「セーフティネット」でもあるのです。

困った時にまず考えるのは「これを解決してくれるのは誰か」ということです。パソコンが故障したら、昔おごってあげた彼が修理できるはずと思い出して連絡すると、無料で修理してくれる。インフォーマルな取引を通じて助けてくれる誰かが必ずいることは、フォーマルな保障がなくても生きていく一つの手段です。

山口　インフォーマリティは、実は日本にも馴染みがあります。贈賄は厳しく罰せられますが、お歳暮やお中元はどうなのか。儀礼として贈る一方で、何らかの見返りを期待する贈賄の側面も否定できません。

コネの語源であるコネクションという言葉は、紐帯、人のつながりという意味です。そもそもそれは否定すべきものなのか。コネを用いた利権の私物化はネガティブに受け止められますが、そうしたものが完全に排除されたクリーンでフェアな社会が本当に生きやすい社会なのか、という問いもあります。

贈与論と共通する考え方が底流にある

小川　インフォーマル経済で生計を立てる人々は、もちろん厳密に言えば違法です。例えば路上商人は道路交通法や都市条例に違反しています。でも多くの市民は露店商や行商をマフィアやヤクザのような非合法の活動だとはみなしていません。合法の世界とそうでない世界の中間にあるバッファのような機能を果たしてきました。もう一つ興味深いのは、贈与論と共通する考え方が底流にあることです。
アルジュン・アパドゥライは『不確実性の人類学――デリバティブ金融時代の言語の

失敗』という本で、デリバティブは「捕食性分人主義」だと指摘しています。債務者の資産や能力、あらゆる情報はバラバラに切り刻まれて、さまざまな金融商品に属して、捕食し搾取されている。でも人類学が調査対象としてきた多くの社会にあったのは、デリバティブとは異なる分人主義だったと。

マルセル・モースは『贈与論』で、贈り物には精霊（ハウ）が宿り、贈られた人間に返礼を強いているというマオリ族の考え方を紹介しています。同じように、私が誰かに与えると、私という人間の一部は贈与した相手と共に生きていくと考えられます。さまざまな贈与を通じて、たくさんの私の分人が相手とともに生きている。ここにいる私だけが自分なのではなく、私に欠けているもの、誰かに委ねられた私、それらの集合体が私であるという考え方です。

タンザニア人の考え方は、それに似ています。外付けハードウェアのようにかつて贈与したり助けた相手とともに「自分」が存在する。自分自身はただの商人かもしれませんが、私の分人が取り憑いている誰かはプログラマーで、別の誰かはバス運転手で、それぞれ共生しているという世界です。

ただ誰かに贈り物をしたり、親切にしたりする時、相手のスペックを評価して関係を結んでいるわけではありません。相手の持つどんな力が将来自分に返ってくるかはわからない。返ってこないかもしれない。誰かに親切にする時により多くの見返りが得られる人を選んでいるわけではないのです。

その人のどんなものが私に将来返ってくるかはわからないけれど、でもその誰かの一部と共に私は共生しているし、一部は誰かと共にある。そういう分人主義社会をかつての我々も持っていたのではないでしょうか。

「自律的に生きている」という錯覚

山口　資本主義経済は「あたかも自律的に生きることができるという錯覚をもたらした」と書いておられます。私たちは生まれて成長する過程で、親や周囲の人々から贈与を受けている。人間の赤ちゃんは一人では生きられないので、手厚い保護を受けています。つまり、人間はみんな生まれながらに借りを負っている。

ところが貨幣によって借りを精算できるようになり、自分が手にしているものは、自分自身が努力したもの、支払ったものへの対価として得ているという錯覚が生まれた。

タンザニアの露店の商人たち　撮影：小川さやか

そこには負い目という感覚が生まれないので、人から何か頼まれた時、なぜ私がそんなことに応えなくてはならないのかと思う。

タンザニアの人たちは、困った時に依存できる先をたくさん持っているからこそ自立しているとも言えます。自立と依存は対立概念ではなく、表裏一体のもので、相互に依存しているからこそみんなが自立できる社会なのです。

これも面白かったのは、タンザニアの人たちは「お金貸して」と頼むよりも、「お金返して」と言う方が負担を感じると。

小川　お金を借りる時は、のっぴきならない状況に追い込まれている。つまり、相手の気持ちを配慮する余裕はないので、いわば迷いなく心の底から自信を持って無心できる（笑）。返済を迫る時も、自分が困った状況にいる時には堂々と言えますが、特に困っていないけれども時間も経過したからという理由で取り立てに行くと、相手の必死さにひるんでしまいます。自発的に返しにこないのだから相手は困っていることが多く、そうなると無理に返してくれと言えない。

貸すのも借りるのも、状況がそうなったらやるものだという感覚で生きています。たまたま困った人が目の前にいれば貸すし、自分が困ったら借りる。貸し借りは必ずしもすべて自分の意思や責任ではなく、偶発的な状況の結果でもあるというのです。

「借り」が人生の保険になるという考え方

小川　もう一つは、借りをすべて返済してもらったら、そこで関係が終了してしまう。日本人からするとおかしな話に聞こえますが、贈与論の考え方では自然です。貸し借りの関係が解消されてしまえば、もう一度貸すとか借りるというアクションを取らない限り、無関係になってしまいます。

負い目がある限り、人間関係は続くので、自分が必要になる時まで借りは残しておく。人生の保険ですから、取り立ててはいけないという考え方です。

山口　貸しを残しておくことで、いざという時に頼れる相手がいると考えるわけですね。

小川　そうです。たとえ銀行預金がゼロでも、あいつに１万円貸した、あいつがピンチの時に助けてあげたと、借りをもつ相手が５００人いれば、自分が窮地に陥った時、誰か１人くらい助けてくれるかもしれません。その人はただ１万円を返してくれるのでは

借りをすべて返済してもらったら、そこで関係が終了してしまう。一方、負い目がある限り、人間関係は続くので、自分が必要になる時まで借りは残しておく。人生の保険だから取り立ててはいけないという考え方です。

——小川

なく、自分が必要としているものを与えてくれる可能性がある。500万円の銀行預金を持っていても、500万円で自分の悩みは解決できないかもしれませんが、500人くらいいたら、そのうちの1人くらいは悩みを解決する力を持っているかもしれない。

タンザニアの友人たちとおしゃべりしていたら、ある男の子が「好きな人ができた」と言うんです。周囲から告白しろよと言われても、「俺みたいな貧乏人が告白したってどうせ振られるよ」と言うので、仕様がないなと。靴屋が靴を、古着屋が一番いい古着を貸して、タクシードライバーは2時間タダで乗せてあげて、私はポケットマネーをカンパして、一夜にしてハイスペック男になった彼は女の子を誘いに行き、付き合うことになり、その後結婚しました。

「あいつ、ただのメッキ男なのに、なんで結婚したの？」とその女の子に聞いたら、「彼が本当は貧乏なことはデートしたその日にわかったわ」と。でも、この人は困った時に助けてくれる人がたくさんいる。これだけのものが瞬時に集まる関係性を持っている。それは実質的にお金やものを持っているのと同じだと。

日常の些細な困難であれば、自分が働いて二人で工夫して乗り越えられるけれども、大事なのは緊急時だから、いざという時に助けてくれる人が現れる生き方をしていることが旦那選びのポイントなのだそうです。

お金は頼れる人間を増やすツール

山口　アマゾンの狩猟採集民ピダハンは究極の「その日暮らし」であるという話も出てきました。タンザニアとの共通項は温暖な場所ということですが、文化や社会と気候には相関性があるのでしょうか。厳しい気候の地域では、ちゃんと家を建てて食糧も備蓄しないといけませんが、果物が自生しているような地域では、鷹揚さが育まれるというように。

小川　たしかに私が調査している温暖な地域は、少しのんびりしているところはありますが、彼らが借金を気にしないのは、ほかに方法がないからだと思います。朝起きると戸口に人が座っていて、昨日から稼いでいないんだと懇願する。仕様がないので「貸しだよ」と小銭を渡す。やれ親戚がやってきた、出かけるのにお金がないと言っては、毎日何度も貸し借りを繰り返すので、誰にいくら貸しているのか、借りがあるのか、もはや把握できません。

2000年代以降、アフリカで携帯電話が普及し、送金サービス「エム・ペサ」が急速に広まりました。エム・ペサによって、そうした混乱がさらに深まったと思います。

山口　エム・ペサが普及して簡単に送金できるようになった結果、うやむやにされがちだった借金の即時返済を迫られるようになったという話もありました。

小川　初めはそうでした。それまでは「今度会ったら返すね」と言ったままになっていたのが、電話1本で「すぐ送金して」と清算できるようになった。その結果、貸し借りが減るのではないかと予想して調査しましたが、現実に起こったことは逆で、むしろ貸し借りが無限に増えたのです。

つまり、Aさんから借りたお金を返す時にBさんから借り、Bさんから借りたお金を返す時にはCさんから借りる。貸し借りを永遠に繰り返すことで、返さずに済ませるということが始まりました。それまでは顔を合わせなければ貸し借りは発生しませんでしたが、エム・ペサで遠隔地でも即時送金できるので、どんどん貸し借りの量が増えた結果、誰もが誰かにお金を貸しており、誰もが誰かにお金を借りているという状態が拡大したのです。

もちろん自転車操業ですが、貸してくれる人がいる限り、返済は無限に引き延ばせますから、貸し借りは増える一方です。だんだん帳尻が合わなくなって、清算しなくてもいいんじゃないかとなる。あちこちに貸しがあることで、むしろ人生の保険が増えてよかったという感覚です。

山口　もともと「借りたカネ」と「もらったカネ」の境界線が曖昧だと書かれていましたね。

小川　貸し借りが延々と続くだけで、その間に誰も現金化しないのであれば、電子マネー自体には意味がありません。数字を移動させながら、彼らが回しているのは「借り」です。電子マネーは「借り」を回すためのメディアであり、何かの時に頼れる人間を増やすためのツールであることが大事なのです。

人間関係を可視化させたインターネット

山口　１万円を５００人に貸すことで、自分が困った時、誰か助けてくれるかもしれないというお話がありました。インターネットが普及すると、ＳＮＳで知り合った見ず知らずの人とエム・ペサを使って貸し借りが可能になりますよね。人間関係がバーチャル空間に移行する中で、これまでの貸し借りの考え方は変わっていくのでしょうか。

小川　タンザニアの多くの人にとっては、インターネット上のバーチャル空間は実はリアル空間と地続きです。

例えば路上で靴磨きをしていた時の友達は、その後に古着商人になったら、それきりでした。そして古着商人をやめて板金職人になって、建設現場で働いてといった転職を繰り返していく。ところがインターネットの普及で、昔の友達とも瞬時につながるようになった。過去の人間関係がつながって可視化されているのが彼らにとってのインターネットです。

バーチャルな人間関係は、これまで築いてきたリアルな人間関係と地続きで、そこで新たに出会う人がいても、辿っていくとリアルな友達の友達というように、どこかでつながっています。

加えて、もともとの世界がある意味ではインターネット的です。都市部では友人同士がニックネームで呼び合うのが普通で「俺はJだ」「俺はトール」で人間関係が成立してしまう。Jがジョンなのかジュマなのかもわからないし、背が高い人はみんなトールになります。いわばリアルの世界がアイコンでできている。

ニックネームしか知らない顔見知りに数十万円の商品を渡して売りに行ってもらうのも当たり前で、インフォーマル経済に履歴書は要らないし、住民票もありませんから、トンズラされたら終わりです。

では、どうやって相手を見極めるのか。それは相手が他の誰との関係性に埋め込まれているか、つまり誰の友達か、誰と貸し借りをしているのか、さらに普段の言動を見て「この人になら貸してもいい」と判断しています。ですから、そもそもバーチャルな人間関係とリアルな人間関係をあまり明確に区別していないと思います。

さらに、貸した相手そのものも一種の投資だと彼らは考えています。自分が1万円貸した相手が大富豪の社長になるかもしれないし、ただの詐欺師かもしれません。結果がわかりきった人に賭けるのは銀行預金と一緒。人生の博打としては、身元も不明でどうなるかわからない人に賭ける方が面白いですよね。

不確実性があるから寛容になれる

山口　僕も銀行の人に言っています。1万人に1人くらい貯金がゼロになる代わりに、

1万人に1人、その分の貯金が当たるようにしたらどうかって(笑)。そうすれば預金する人が増えますよと言うのですが、ポカーンとされます。

社会から偶有性があまりにも失われた結果、不確実性が商売になる時代です。パチンコ産業は20兆円市場ですが、20兆円でみんなが買っているのは不確実性です。生物がこれだけ広いエリアに拡散したのは、不確実性に適応したからですし、人間はある種の不確実性を食べて暮らしていて、偶有性がなければ生きていけない。

100年前には「何かが起こるのではないか」と恐れていましたが、現代では「何も起こらないのではないか」と恐れている。

不確実性が希望がないことと同義に語られることへの問題意識を掲げておられました。むしろ「先がどうなるかわからないことは、新しい希望にあふれているとも言える」と。操作可能性と予測可能性が「明日どうなるかわからないといったゾワゾワ」を封じているとも。

このゾワゾワという身体感覚が回復していかないと、生きることの生々しい手応えは日本の社会から失われてしまう。そこが問題意識のベースになっておられるのだなと。

小川　その通りです。日本社会は、近代を通じて不確実性を可能な限り排除して、予測可能性を高めることを目指してきました。その過程で、インフォーマルなもの、非公式なものは排除され、良くないもの、取るに足らないものだという価値観が定着した。その結果、フォーマルなものに極度に依存する社会になったと思います。

テクノロジーの発展で、将来かかる病気まで遺伝子解析で予測できるようになりました。リスクを予測可能なものと捉えるので、回避せずに失敗したら自己責任であるとみなされ、時にバッシングされます。タンザニアの人たちは逆で、むしろ不確実だからこそ生きていられるという価値観です。

不確実性があってこそ贈与が成り立つ。人生とはままならないものだから、何か不運が起こったとしても、その人にすべての責任があるわけではない。何が起こるかわからないから、優しくしてあげた誰かは路上生活者で終わるかもしれないけれども、ひょっとしたら億万長者になるかもしれない。

だから自身だけでなく他者の未来にも賭けるという意味の贈与が生まれます。不確実性がある程度あるからこそ、自分や他人に対する寛容さが生まれ、社会を形成しています。

適度にルールを無視するから秩序が成り立つ

山口　「同じ種類の動物でも家畜と野生動物では脳の大きさが違う」という研究がありますよね。不確実性に向き合わなければ生物として弱くなってしまう。

デヴィッド・グレーバーは『官僚制のユートピア』で、それぞれの善悪の判断や損得勘定で動けば、規制でがんじがらめにしなくても社会は回ると書いています。オランダで交通事故が非常に多い交差点から信号を撤去したら事故が激減した、という話もあります。

僕たちが絶対視しているシステムやルールがパフォーマンスの向上にどれだけ寄与しているのか、実は相当疑いの目を持ってみる必要がある。

小川　私はデヴィッド・グレーバーもジェームズ・C・スコットも愛読しているので、アナキズム寄りですが（笑）。インフォーマル経済の研究をしていて、警察組織や裁判所に頼れないところで、社会が崩壊せずそれなりに回ることにしばしば驚きと感動を覚えます。

ジェームズ・スコットは『実践 日々のアナキズム――世界に抗う土着の秩序の作り方』の中で遵法ストライキについて書いています。パリのタクシー運転手たちが交通ルールを完璧に守るというストライキで、それをした途端、交通麻痺が起こる（笑）。実際、法定速度やルールを完璧に守っていたら、交通は回りません。ここではスピード上げてもいいかなとか、ここは危険だからスピードを落とそうとか、お互いにハンドサインを出しながら、融通して回している。

ルールを適度に無視して、自分たちで考えて何かをしている状態は、交通だけでなく、社会の隅々にあり、本来その上に秩序ができているはずです。そのことを忘れて、細かいルールをつくって制度化しようとすると、一つ制度をつくるとまた別の制度をつくらなければならなくなるのが現実ではないでしょうか。

大阪では昔、バス停で並びませんでしたが、お年寄りや妊婦さんがいたら先に乗せてあげるし、走ってくる人がいたらわざとゆっくり乗って、おのずと秩序が保たれていたという話を聞いたことがあります。でも整列乗車の標識線が引かれると、先着順が唯一のルールになり、バスに乗れば、体の不自由な方や妊婦さんには優先席を譲りましょうとアナウンスを流すことになります。

自分たちが融通を利かせてきたことをルール化することで、違うルールで何かを補い、また違うルールで補い、でもどんなにたくさんルールをつくったところで、みんなが臨機応変に知恵を働かせて運用してきた状態は再現できず、がんじがらめになっていく。

「ずる賢さの哲学」はストリートで学ぶ

山口　日本の学校もナンセンスな校則がたくさんありますね。下着の色まで規定するなど意味不明です。「良識の範囲内で」とひと言いえば済むのに、細かいルールでがんじがらめにしようとする。

小川さんの本を読むと、タンザニアの人たちは貸したお金が返ってこなくても、仕方ないねとあっさり水に流しています。それもまた、ある種の成熟ではないかと感じました。ルールを極力排除して「良識の範囲内で」考えられるのは、成熟度と何らかの関係があるのではないかと思います。

小川　『都市を生きぬくための狡知——タンザニアの零細商人マチンガの民族誌』にも

書きましたが、タンザニアの人たちは、狡知、つまりずる賢さをストリートの教育で学びます。彼らは、嘘イコール悪いことだと思っていません。

でもオレオレ詐欺の話をすると、それはひどいと言います。たしかに安物を高く売りつけることもあるが、売りつけた相手が血眼になって追いかけてくるような商売はよくないと。

小川さやかさんとタンザニアの商店主
撮影：小川さやか

だまされても気づかない人だっているし、気づいたところで明日になれば忘れてしまうようなお金持ちだっている。そういう人を狙って上手にやらないと回らないじゃないか、というのが彼らの言い分です。

どこまで計算高いのか、天然なのかわからない。ずる賢さを徹底的に押し出して、そこまでやるなら面白いとか、哀れだから仕方ない、そこまで完璧にゴマをするならあっぱれだと相手に思わせる。

ずる賢いことをスワヒリ語でウジャンジャと言いますが、そこまでやったらウジャンジャの真骨頂だという言い方をします。ずる賢さの哲学のようなものがある。その狡知をストリートで学びます。

不確実性に身を投じると生きやすくなる

山口 ヤクザの仁義のようですね。非合法コミュニティではあるけれども、ヒューマニズムに根ざしたルールがある。仁義を欠いていないかというコミュニティの内在的なルールを常に考えなければ生き残れない世界でもあります。

「法的な違法性（illegal）」と「道義的な違法性（illicit）」と書かれていましたが、「道義的な違法性」を判断できるのは、同じコミュニティの内在的なルールがあってこそです。

明文化されたルールがあるわけではないけれども「ここまでやったらまずいかな」という一線を越えてしまうと、コミュニティの価値を毀損《きそん》して、村八分にされてしまう。

アメリカ人の思考様式を形成する最大の要因の一つは国土の広さだという主張を目にしたことがあります。ヨーロッパでは生まれ育った町の100キロ圏内に小学校の同級生たちが住んでいたりして、狭い関係性の中で生きていかざるを得ない。

でもアメリカでは、西海岸から東海岸に移るだけで、それまでの関係性をご破算にしてリセットできます。だからこそ連邦法のように州を横断する明文法が生まれました。

タンザニア人にとっては、貸し借りを含めた人的なネットワークが生きるための資本になっていて、コミュニティから抜けることは、財産を捨てるのと等しい。だからコミュニティの中で限度を超えたインモラルな行動を抑止する効果があり、自分の貸しがいつかどこかで返ってくる安心感を持って生きていくことができるんだなと。

小川　たしかに香港や中国にいても、タンザニア人ネットワークから外れることはないですね。ちゃんと故郷のネットワークの中に埋め込まれています。もちろん日本のように同じ会社で30年勤続するという発想はゼロですし、人間関係もコロコロ変えますが、広いネットワークの中に生き続けています。

山口　1970年代にアイルランドで銀行ストライキが起きた時、商業銀行が半年以上閉鎖して経済がストップするだろうと思ったら、むしろ経済は成長した。アイルランドには、どんな小さな村にもパブがあると言われますが、常連の誰がどこに勤めていて給料はどれくらいなのか、パブの主人は知っています。「あの人なら大丈夫」だとパブの主人が言うと、それが信用の裏書きとなって、小切手のように流通したそうです。

トップダウンでつくられたシステムがなければ社会は回らないと僕たちは思っていますが、実はそうではない。むしろ人類の歴史を見れば、そんなシステムがなくてもやってきました。そういう先入観に囚われない方がいいし、それに、不確実性の中に身を投げ出していく方がゾワゾワして楽しい。

小川　タンザニアに「ずる賢いウサギ」という民話があります。ウサギが自分より力の強い動物や人間を騙して世渡りする物語ですが、たまに失敗することもある。

日本では「因幡の白兎」のように勧善懲悪の話になりますが、タンザニアでは違います。どんなに知恵を働かせても、失敗する時は失敗する。それは運が悪かったりツメが甘かったりしたからで、そもそも世界はそういうものだという教訓を学びます。

報われないこともあるのだという前提の上で努力や正義の大切さを説き、ままならなさや不条理に、どんなふうに知恵を働かせたり、対峙したりしていけばいいのかを問う力こそが大事なんだと教えられます。

不確実性とは、そういうことだと思います。努力はすばらしいという価値観と、それがうまくいくかどうかは別の話です。

人生とは不確実なもので、努力が必ずしも報われるとは限らないし、予測できないこともたくさんある。だからこそ面白いし、他人を受け入れ、自分が受け入れられる余地もある。そんな価値観に身を投じることができたら生きやすい世界になるのではないでしょうか。

第5章

生物的な仕組みの理解なしに資本主義は成り立たない

Shoko Takahashi
高橋祥子

高橋祥子（たかはし・しょうこ）

生命科学者、ジーンクエスト社長。1988年、京都府生まれ。2010年、京都大学農学部卒業。2013年、東京大学大学院農学生命科学研究科博士課程在籍中に、遺伝子解析の研究を推進し、正しい活用を広めることを目指すジーンクエストを起業。2015年、同学博士課程修了。2018年、ユーグレナ執行役員就任。著書に『ビジネスと人生の「見え方」が一変する　生命科学的思考』（NewsPicksパブリッシング）、『ゲノム解析は「私」の世界をどう変えるのか？』（ディスカヴァー・トゥエンティワン）。

本章の対談相手は、生命科学研究者であり、起業家である高橋祥子さん。著書『ビジネスと人生の「見え方」が一変する 生命科学的思考』では、「個体として生き残り、種が繁栄するために行動する」という生命原則が、ビジネスや人生をいかに規定しているかを解説しています。客観的な科学を知った上で、私たちはいかに生きていけば良いのでしょうか。

（2021年6月対談）

感染症を拡大する原因をつくっているのは我々人間

山口　ＭＢＡに代表される経営学は、実は学問としての歴史は短く、100年くらいです。一方、自然科学や人文科学領域は数千年の歴史があり、そこにはある種の普遍性があります。

僕はよく「ブリッジをかける」と言いますが、自然科学や人文科学の領域で発見された原理原則は、ほかの領域においても有用なインスピレーションを与えてくれます。

高橋さんは生命科学研究者であり経営者でもある立場から、著書『生命科学的思考』では、研究を通じて発見した生命の原則が、会社経営においても応用できると書かれています。本を読んで、組織や社会で起きていることを洞察する上で大きな切り口になると感じました。

コロナ禍によって、都市化の見直しなど社会の枠組みにも変化が起こりつつありますが、一連の出来事について、どうご覧になっていますか。

高橋 Beforeコロナ、Afterコロナと言いますが、そもそもウイルスは我々人類が誕生するずっと前から存在しており、人類の進化にも寄与しています。

今回の新型コロナウイルス感染症が収束しても、人類はずっとWithウイルスで生きていくことが前提になります。

ウイルスには、今回のように感染症を引き起こすものもあれば、症状の出ない無害なもの、そして進化の一端を担う有益な影響をもたらすものもあります。

ウイルスは意志を持たないアルゴリズムなので、どちらかといえば感染症を引き起こすウイルスを拡散し、感染症を拡大させる原因をつくっているのは、明らかに我々人間です。

都市化もそうですし、大規模な自然破壊の後に感染症が起こりやすいことも判明しています。エボラウイルスもそうです。温暖化によって南極の永久凍土が溶けると、そこから未知のウイルスが大量に放出されることも予測されています。

人類による自然破壊が新たな感染症リスクを生み出し、グローバリゼーションによって加速度的に拡散する仕組みを我々自身がつくっている。

さらに資本主義によって経済格差が広がり、不衛生で医療の行き届かない貧困地域も感染症の発生リスクを高めます。

With ウイルスは前提ですが、感染症の広がるきっかけをつくっているのは私たち人間であり、特に行きすぎた資本主義社会が大きな要因になっています。

ですから今回の新型コロナウイルス感染症が収束しても、また新しいウイルス、新しい感染症は生まれます。それに対して社会構造そのものを変えていく必要がある。

ＳＤＧｓでは「貧困をなくそう」、あるいは気候変動や環境対策がゴールに挙げられていますが、それは地球のためだけではなく、我々自身のために必要だということが今回のコロナ禍でより明確になったのではないでしょうか。

資本主義が社会の脆弱性を生み出している

山口　世界最古の文明はメソポタミアで発祥したとされますが、地中海沿岸で文明が興ったのは、そこが交易路だったからです。人が集積する、つまり密だった。イノベーションは人が交わるところで起こりますから、ウイルスの拡散する要件とイノベーションの生まれる要件は類似しているとも言えます。

私たちはせっせとウイルスが拡散しやすい世界をつくってきたわけで、その結果、コロナ禍に見舞われている。ある意味、狙い通りのことが起こっているわけです。

高橋　そういうことですね。

山口　テクノロジーの進歩に伴って、世界は小さくなりました。メルカトル図法の世界地図とは別に、各都市間の移動時間を表現した地図があります。例えば東京・サンフランシスコ間は飛行機に乗れば約9時間半です。これまでもペストやスペイン風邪のようなパンデミックはありましたが、今回のように半年足らずで世界中に広がったのは未曾有のことでした。

それはこの世界の移動時間が大幅に短縮されたことと関係があるわけですね。

僕たちは都市化を進め、資本主義社会の中で、利益の生まれやすい仕組みや、イノベーションが起こりやすい仕組みを追求してきましたが、そのシステムの変化こそが社会の脆弱性を生み出す結果になっている。そこを見直さない限り、同じことが必ずまた起こると。

高橋　はい。山口さんや私が生きている間に少なくとももう一回は起こると思います。

利己的な欲求に突き進むと「神の手」は働かない？

山口　人間にはさまざまな機能がありますが、中には不合理で不要と感じるものもあります。痛みを感じる神経や、怒りや悲しみといったネガティブな感情もそうです。個体として感情機能を制御できたらいいのにと思う。

高橋さんの本では、どんなに非効率に見える機能も、進化の過程で見ると、生物が生存し繁栄するために有利な特性だったから、その形質を持った個体が生き残ってきたと書かれています。

そう考えると、いま社会に残存している制度や仕組みも何らかの必然性を持ってそうなっている。

資本主義の問題点についてはさまざまな指摘がされていますが、世界は資本主義に覆われているように見えますし、そのオルタナティブ（代替品）として提案されたはずの共産主義は絶滅に瀕しています。

所有についても、私有か共有かという議論がなされる一方で、私有を前提とした経済システムが堅牢性を増しているように見える。

膨大な試行錯誤を経て、この均衡点に落ち着いているとすれば、資本主義という強固なシステムは進化の淘汰に生き残ったと言えるのでしょうか。

高橋　私は資本主義が堅牢なシステムとは思っておらず、この100年間ほど、たまたまうまくいっただけだと考えています。資本主義は、人の欲求に基づいて設計された制度です。

経済学者のアダム・スミスは『国富論』で、人が利己的な欲求のままに消費行動をしていけば、「神の見えざる手」が働いて、おのずと需給バランスが取れるとしていますが、そもそも欲求というのは生物的な発想ですから、生物学的な視点のアプローチが必要です。

　というのも、アダム・スミスは『国富論』の前に『道徳感情論』を書いています。そこでは欲求を超えた社会性として、義務や道徳を確立する必要があるとしています。

山口　個人の自己愛や利益の追求だけでなく、共感が重要だと説いていますね。

高橋　義務や道徳、共感が重要で、個人の利己的な欲求による需給バランスは、その上で生じるとしていますが、現代では、後者だけが切り取られているように思います。

　人間に欲求や感情があるのは、個体として生き残り、種として繁栄するために必要な機能だったからです。でも、そうした機能が現代の環境を生きるために最適なものかどうかはわかりません。

　例えばカロリーの摂取もそうです。いま世界で10億人以上の人が肥満や肥満合併症で苦しんでいます。おかしな話ですよね。本来、生きるために必要であるはずのカロリーを摂取しすぎて病気になる。

　生命科学的に考えるなら、心地良いと感じるだけ食べれば最適なカロリー摂取量となる方が生存には有利ですが、そうはなっていません。それは人間が進化してきた歴史において、食料が不足する環境が長かったために、最適なカロリー摂取量よりも少し多く摂取するようになっているからです。

食料が潤沢になった現代では、欲求のままにカロリーを摂取するのではなく、生物学的な欲求が何かを理解した上で、知性を持って、ちょっと腹八分目にしておこうとセーブできる個体の方が、健康的に長く生きられます。医療費を抑えられるので、社会にとってもメリットが大きい。

利己的な欲求のままに動くのではなく、生物的な仕組みを理解した上で、それをハックする態度を持たなければ、同じように資本主義は今後、成り立たなくなるのではないでしょうか。

進化の過程で不要な機能は排除されていくが……

山口　本能的な欲求のままに行動しても、必ずしも環境に適合するとは限らないと。

思考は多くのエネルギーを消費する行為だから、思考しなくていい環境であれば、生物はなるべく思考しないことを選択してきたと書かれていました。

人間が一日に消費するエネルギーの約20％は脳で使われますから、いかにエコに脳を運営するかは一大テーマです。なるべくパターン認識やヒューリスティックス（ある程度正解に近い解を見つけ出すための経験則）などの手法を使って、最適解を都度求める手間を避けようとする。

一方、現代の資本主義社会では、体に良いものを食べたり、高水準の医療を受けたりできる、経済力のある人間の生存確率が高くなっています。

その経済力は、与えられた問題に対して速く正確に答えを出す能力、受験勉強のような意味を感じにくい営みに長時間集中できる能力によってもたらされることが多い。

仮に資本主義システムが今後も続けば、その枠組みの中で生き残るために経済的成功につながる能力を追い求めることになる。つまり原始時代には淘汰されていたバイタリティのない人間、生物としては脆弱な人間が生き残る可能性もあるわけですね。

高橋　思考しなくてもよい環境であれば考えなくなっていくように、進化の過程では、不要なものはなるべく削除して進化します。

例えば私たちはビタミンCを一生懸命摂取しますが、ほとんどの哺乳類はビタミンCを体内で生合成できます。それは、たまたま人間がビタミンCを体外から摂取できる環境にいて、ビタミンCを生合成できない個体が進化の過程で不利にならなかったからです。
進化の過程で、不要な機能は排除されます。現代社会では不要と思われる機能、経済的成功につながらない能力や機能を排除していくと、社会システムが変わった時、不具合が起こるのではないかと思います。

ランダムに起こるエラーが進化をもたらす

山口　ＤＮＡがコピーされる時、１億から１００億分の１の確率でコピーミスが起こる。コピーミスは、短期的にはがんなどの原因になるけれども、長期的には進化のきっかけになるという話も印象的でした。
ランダムに起こったコピーミスの中で、たまたま環境に適合したもの、生存や繁殖に有利な形質を持ったものが生き残る確率が高まり、その繰り返しによって、私たちが進化と呼ぶものが起こると。

高橋　外界の環境が変化した時、たまたま生存に有利な個体が生き残ったことを事後的に進化と呼んでいます。

遺伝子の多様性がある中で、結果的にどれかが生き残るだけで、自分たちが選んで進化できるわけではありません。また進化が進歩とも限りません。

山口　我々の社会では、コピーミスのようなエラーはネガティブで、できれば避けたいものと考えられる一方で、進化はポジティブなものと捉えられています。エラーと進化、この一見異なるものが表裏一体に結びついているのは面白いなと。

経営学の組織論でも、理念や企業文化をDNAとして継承したり、テキストとして正確にコピーしていくことが絶対善だと思われています。しかし、コピーの過程でランダムに起こるエラーこそが進化をもたらすなら、意図的にエラーを起こすプロセスの設計が必要になります。

高橋さんの会社では、研究開発における「6対3対1」、つまり商品開発など直近の事業に関わる研究に6割、中期的に何かにつながりそうな研究に3割、何に関係するかまったくわからない研究に1割のリソースを注ぐという社内ルールを導入されています。

これはランダムネスを人為的に取り込むことを意図されているのだと思います。

日本社会では無謬性《むびゅう》（誤りのなさ）が重要視されていて、ミスやエラーを忌避しますが、それが社会の閉塞感を招いているようにも思います。

高橋　たまに正確性かエラーかを二元論で捉える人がいるのですが、エラーが１００％であれば忌避されるのは当然です。

そうではなく、生物もほとんどの仕組みは正確に機能していて、稀に突然変異などのエラーがあるから進化を促します。

会社も同じで、何に関係するかまったくわからないことばかりやっていたら倒産します。でも短期的な利益に結びつくことだけではなく、遊びや余白を残しておかなければ、長期的には衰退してしまいます。

山口　僕はアリの巣の話を思い出しました。アリは巣穴から外に出て餌を探しますが、餌を見つけると興奮してフェロモンを出すそうです。巣穴に戻ってきたアリのフェロモンの匂いを辿って、ほかのアリも餌に辿り着ける。

これだけ見ると、いかに正確にフェロモンを追跡できるかが餌の回収効率に直結するはずですから、１００％追跡できる集団が最も回収パフォーマンスが高いと思いますよね。

しかし実際には、追跡できないアリが一定の比率でいる方が良いそうです。うまく匂いが嗅げないのか、嗅げてもフラフラとほかのルートに行ってしまう性質があるのかわかりませんが、一定の確率で追跡ルートから外れてしまうアリを発生させることで、より近いルートで餌に辿り着くアリが出現するそうです。
そのアリが巣穴に戻る時、同じようにフェロモンを出しますが、揮発性の物質ですから、より最短ルートで戻ってくる方が匂いは強く残り、他のアリはそちらのルートを辿るようになる。つまり、ランダムにエラーが起こることによって、中長期的にはチーム全体の生存確率が高まると。

高橋　面白いですね。本質的な話だと思います。

やりたいことがわからない人は、想像できない環境に身を置けばいい

山口　一定確率でエラーを発生させることが中長期的には組織の利益になる。これは個人にとっても同じではないでしょうか。やりたいことが見つからない人にアドバイスするとしたら、「カオスな環境に身を置くべきだ」と書かれていました。

高橋　好きなことや夢というのは、生物学的には説明できないんです。例えば私がなぜ遺伝子を好きでたまらないのか、生命科学では説明がつかない。

私たちの会社でも、いろいろな社会課題に取り組んでいます。例えばＳＤＧｓには「貧困をなくそう」というゴールがありますが、貧困や栄養失調に苦しむ人が１人もいなかったことは人類が誕生してからただの一度もありません。

むしろ栄養失調の人口は減少しつつあります。数字だけで客観的に見れば、「現在」はこれまでよりも改善されてきた最も良い世界と言うこともできます。

それでも貧困や栄養失調を課題として認識するのは、飢えに苦しむ人がいない未来を思い描くからです。私たちが頭の中で想像したより良い世界との比較によって初めて、「現在」が改善されるべき世界になるということです。

それは個人の主観ですが、主観があって初めて課題が明確になり、そこに自分の意志が生まれます。

個人のキャリア、人生においても同じだと思います。よく学生の方などから「好きなこと、やりたいことを見つけるためにはどうしたらいいのですか」と聞かれますが、いま存在する世界が理想の世界なら、何の課題もありません。

でも大災害を経験したり、病気で死にそうな目に遭ったりした人は、往々にして自分の強い軸を持っています。想定外のこと、想像できないこと、不確実なことを経験することによって初めて自分の主観的な命題が浮き彫りになってくるのだと思います。

大災害や大病は滅多にあることではないですが、留学や転職でもいい、カオスな環境、言い換えるなら、なるべく想像可能性が低いところに身を置いた方が自分の課題は見つかりやすい。

何か新しいことを始める時、どんなものか想像できてしまうと、課題は見つかりにくい。自分の知っていること、経験したことのあることは想像しやすい。自分ができるかどうかわからないことに取り組んだ方が発見は大きいはずです。

山口　高橋さんは、子どもの頃から遺伝子に興味があったんですか？

高橋　もともと医者家系で、自分も医者になるのかなと思っていました。中学生の頃、病院に見学に行くと、当然ながら病気の人しかいない。強烈な違和感を覚えました。

病気の人を治すのも大事ですが、そもそも人間はなぜ病気になるのか、病気になる前になんとかできないのかと。もう少し幅広い視点で生命の仕組みを研究して、予防につながることをやりたいと思って、分子生物学の領域に入りました。

勇気がないから、起業するという選択

山口　僕は「勇気の問題に逃げない」ことが大事だと思っています。人と違うことをやる時、勇気がないと言う人がいます。

例えば目の前に2本の道があって、みんなはなんとなく右に行こうとしている。でも調べてみると、右の道は先の方で橋が落ちているらしい。左の道は眺めも良く、美味しいお団子屋さんもあるらしいとわかれば、みんながどうでも、迷わず左に行きますよね。それは勇気の問題ではない。

高橋　すごくわかります。「勇気がない」ことのせいにして思考停止してしまう。

山口　「6対3対1」ルールもそうですよね。何に関係するかまったくわからない研究に1割のリソースを割くと、「無駄なことをやるな」という常識に染まった人は、とんでもない、そんな勇気はないと言うかもしれません。

でも高橋さんは勉強して、生命の進化過程も踏まえた上で、組織や個人を当てはめて、それが中長期的に有効な時間の使い方だと確信を持ってなさっているはず。

世間一般の常識から外れると、「自分にはそんな勇気はありません」と言う人が少なからずいますが、それを勇気の問題にするのは、逃げずに偉業を成し遂げた人の努力や才能を軽んじることだと思います。

高橋　実は私も起業した時、起業する方がリスクが少ないと考えました。

もともと研究者としてずっと大学で研究するつもりでしたが、大学に残ると、このくらい研究を頑張って、論文を何本書いたら助教だな、それには何年かかるなという将来が見えます。それが自分の努力で縮まることはあまりなく、たまたまポストが空いていたなどの外部要因に依るところが大きい。これはリスキーだなと。

でも自分で起業すれば、研究も続けられるし、事業化もできます。ロジカルに考えれば、失敗してもその方がリスクが少ないと思って起業しました。勇気の話ではなかったですね。

山口　むしろ勇気がないからこそ、ちゃんと考えて起業したとも言えますね。

それから、情熱があるから行動できるのではなく、行動することで情熱が湧いてくるものだとして、東京大学・池谷裕二教授の「人間は、行動を起こすから『やる気』が出てくる生き物」「面倒な時ほどあれこれ考えずに、さっさと始めてしまえばいい」という言葉を引用されていました。これもいい言葉だなと。

高橋　よくインタビューで「生命科学に情熱が芽生えたきっかけは何ですか」などと聞かれますが、ある日突然、情熱が湧いて始めたわけではありません。

最初は自分に何が向いているかもわからないまま、ちょっとしたきっかけから研究を始めて、どんどんのめり込んで、これをもっと深掘りしたい、研究を続けながら社会実装もやってみたい、その両輪を回していく仕組みをつくりたいと思って起業して、事業化してきただけです。

何かの本を読んで、いきなり情熱が芽生えたということはあり得ない。情熱が湧くとは、生物学的にはドーパミンが放出されている状態だと思いますが、体を動かすことでドーパミンは放出されます。情熱があって動くのではなく、まず体を動かして、行動してみて、初めて情熱が芽生えるのだと思います。

セレンディピティを能動的に設計できるか

山口　やりたいことが見つからない人は、移動距離が短いのだと思います。物理的な移動距離と精神的な移動距離の両方がありますが、喜怒哀楽の感情が駆動して、初めてセレンディピティが生まれる。

中学生だった高橋さんが病院で感じた違和感もそうですし、何か得体の知れない主観に突き動かされた人にきっかけを聞くと、大抵は人生のある時点で目にしたもの、出会ったものだと言う。

じゃあ、それが見られると思ってそこに行ったのですかと聞くと、偶然だと言います。

移動距離の総和が短いと、きっかけに出会うことも少なくなってしまう。慣れ親しんだ環境から飛び出して、馴染みのない存在に出会う機会をつくり続けることで、結果的にやりたいことに巡り会えるのだと思います。

高橋　これがほしいとわかっている本はAmazonで買いますが、アルゴリズムが学習して、私の好きそうな本ばかりレコメンドしますよね。だから時々、あえて本屋に行くようにしています。

たまたま目に入った百人一首の本が読みたくなったり。本に限らず、どんな行動でも同じだと思います。便利になったためにセレンディピティが起こりにくくなっていますから、能動的に設計する必要がある。

山口　日本、特に都市部にいても課題はなかなか見えてこない。でも海外に行くと、先進国であっても日本とずいぶん状況が違います。

フィレンツェでは、国籍のない中国人たちの移民コミュニティがあり、バスに無賃乗車していますが、コミュニティの人々は仕方ないと許容しています。先進国でもそうした課題がありますが、日本の中にいると気づきにくい。

新型コロナによってセレンディピティが起こりにくい世界が生まれていることは、危険な状況だと思います。

バーチャル空間の中でも交流はできますが、似たような趣味や価値観の人ばかり集まるので、偶発性は生まれづらい。今後、ランダムネスをもたらしてくれるSNSが出てくるかもしれません。

予防医学研究者の石川善樹くんは、予定が突然キャンセルになってポカンと時間ができた時、一番自分と縁遠い場所に行こうと思って、巣鴨のとげぬき地蔵に行ったそうです。

石川くんも「イノベーションを起こせる脳にはカオスが必要」と言っていますね。

高橋　私にとっては今、子育てがカオスです。

山口　まさに馴染みのない存在ですね。これまでの常識が通じない。赤ちゃんを見ると、人間の脆弱性ってすごいな、これほど脆弱なのに、よくここまで進化してきたなと思います。

高橋　脆弱性を集団生活でカバーしてきたからこそ、脳の発達に時間をかけられた。そう考えると、シングルマザーなど孤立して子育てを誰かに頼れない状況は遺伝子の仕組み的に無理があるので、コミュニティや社会全体で子育てを支える必要があると感じます。

「人類は全員レアで、全員が少数派」

山口　本を読んで、僕が一番心に刺さったのは、ゲノムデータ解析を通じて「人類は全員レアで、全員が少数派」と実感したというくだりです。

僕は「不思議ちゃん」という言葉が嫌いです。安易に使われていますが、いわば理解の放棄宣言で、危険性を孕《はら》んだ言葉だと思います。

でも人類は全員少数派という視点に立つと、わかり合えないこともある上で、お互いを理解する努力をすることが当たり前だとわかります。

高橋　ゲノムデータを扱っていると、多様性とはそういうことだなと実感します。DNA配列は99・9％同じですが、0・1％は違います。

ジーンクエストでは、遺伝子の中で一塩基多型を解析対象にしていますが、この組み合わせだけでも膨大な数に上り、一卵性双生児でない限り、遺伝子レベルで同一人物は存在し得ません。

さらにレアバリアント（希少な遺伝子型の違い）と呼ばれるレアな配列をほとんどの人が持っています。そのレアバリアントの中でも、ある遺伝性疾患に関わっていることが判明しているものもありますが、ほとんどは何の形質に関わっているかわかっていません。

でも、そのレアバリアントを持っていることがすごく価値あることかもしれない。そういう意味では、マジョリティという概念で括ること自体が無意味です。

生物にとっては、失敗や成功を含む累積探索量を増やせるか、つまり、どれだけ多様性をつくり出せたかが生物としての堅牢性につながります。

ＬＧＢＴをはじめとする性差別や人種差別がいかにナンセンスか、ゲノムデータに触れるとよくわかります。

山口　抽象概念ではなく、具体的なデータとしてそれがわかると。

高橋　自分が純粋な白人であることを証明したいと考えた白人至上主義者が遺伝子を調べたら、実は黒人の遺伝子が混じっていて愕然としたという話もあります。

ほとんどの人が混じっていますから、純血なんてあり得ません。生命の仕組みに対して科学的なアプローチをとることで、差別などの問題に対しても、違った視点がもたらされるのではないでしょうか。

レアバリアント（希少な遺伝子型の違い）**と呼ばれるレアな配列をほとんどの人が持っています。性差別や人種差別がいかにナンセンスか、ゲノムデータに触れるとよくわかります。**

――高橋

VUCAの時代こそ、生命科学的思考が必要になる

山口　僕たちは道具を作り、畑を耕し、文明を進歩させてきました。その結果、ライオンに食べられてしまう心配はほぼなくなった。

進化は止まったという考え方もあれば、食べたいだけ食べられる世の中になった時、抑制できる人間と抑制できない人間がいて、後者の人間は早死にしてしまう。つまり、進化で淘汰されていく最中にいると考えることもできます。これから僕たちはどのように進化していくのでしょうか。

高橋　いま2つの大きな変化が起こりつつあります。1つは、テクノロジーによって、人間が環境にもたらす影響力が巨大になりすぎていることです。

もう1つは我々自身、つまり人類に対する影響力です。私たち人類は、もはや遺伝子も操作できてしまう。2018年には、中国でゲノム編集による赤ちゃんが誕生しました。遺伝子を操作できるなら、そもそも進化とは何かという話になります。

私たち人間は視野が狭いので、1億年後に人間が絶滅しても、他の種が生き残ればい

いと考える人はほとんどいません。自分や家族、せいぜい数十年や数百年の視点でしか考えられない。そうした狭い視野のまま、近視眼的な介入を行なった結果、人間自身のもたらした環境に耐えられなくなる可能性もあります。

山口　最後に読者へのメッセージをお願いします。

高橋　冒頭で山口さんから、コロナ禍をどう見るかという問いをいただきました。地球規模の問題が起こった時、人類は一致団結するはずという人もいましたが、実際に起こったことは、格差の拡大であり断絶でした。

人間には、生物として本能的・直感的に情報を捉える側面と、科学的に捉える側面がありますが、危機の時ほど本能や直感に走る人が多く、そのために格差が拡大したり、分断が深まったりしたように感じます。

ＢＬＭ（Black Lives Matter）運動再燃のきっかけとなった事件もそうですし、新型コロナウイルスにまつわるさまざまな陰謀説も流布しています。ワクチンを接種すると遺伝子が変わってしまうといったものまであります。

そうした面を認識した上で、危機の時こそ冷静に、自分という生命を科学的に見る視点が大事だと思います。

山口　より生命科学的思考が求められるということですね。

ＶＵＣＡの時代と言われるように、我々を取り巻く環境が不確実で曖昧さを増しているからこそ、原理原則に則って考えることが大事であり、生命科学という普遍的な領域の知見を学ぶことを通じて、そうした思考が可能になるのだと思います。

第6章

毎月7万円のベーシックインカムが日本の閉塞感を打ち破る

井上智洋
Tomohiro Inoue

井上智洋（いのうえ・ともひろ）

駒澤大学経済学部准教授。経済学者。慶應義塾大学環境情報学部卒業。IT企業勤務を経て、早稲田大学大学院経済学研究科に入学。同大学院にて博士号（経済学）を取得。2017年から現職。専門はマクロ経済学、貨幣経済理論、成長理論。著書に『人工知能と経済の未来』（文春新書）、『ヘリコプターマネー』（日本経済新聞出版）、『AI時代の新・ベーシックインカム論』（光文社新書）、『「現金給付」の経済学――反緊縮で日本はよみがえる』（NHK出版新書）などがある。

本章の対談相手は、経済学者の井上智洋さん。著書『「現金給付」の経済学――反緊縮で日本はよみがえる』では、コロナ禍の失業や貧困とAIの進展により注目を集めるベーシックインカムの有用性を解説。本対談でも、今の時代におけるベーシックインカム導入の適切さと実現可能性について語っていただきました。（2021年7月）

給与の高い仕事からAIに食われている

山口　ベーシックインカム（以下、BI）が新型コロナウイルスで再び注目されています。生活に必要な最低限のお金を国民全員に給付する社会保障制度です。

BI自体は20世紀初頭に提唱されたもので、歴史的には目新しいものではなく、極論すれば新約聖書の「ぶどう園のたとえ」にも原型を見ることができます。

井上先生は人工知能（AI）の進化に伴ってBIが必要であるといち早くおっしゃっています。

産業革命以降、人間の肉体労働は機械によって代替されてきました。当時、蒸気機関によって駆逐された肉体労働者は、所得水準の低い人々でした。いまは逆に給与の高い仕事からＡＩに食われています。

例えば投資銀行のトレーダー、法律事務所のパラリーガルなどで、投資銀行のトレーディング・ルームからトレーダーたちは一斉に姿を消しました。年俸数千万円、数億円のトレーダーを雇うより１００億円の人工知能を導入した方が経済合理性があるからです。

オックスフォード大学のマイケル・オズボーンとカール・ベネディクト・フレイが２０１３年に発表した論文「雇用の未来―コンピューター化によって仕事は失われるのか」では、今後コンピュータに取って代わられるであろう職業としてこれらを列挙しています。

井上　蒸気機関の発明によって、それまで手作業で布を織っていたのが、機械動力式の織機が導入され、手織職人は駆逐されました。けれども織物の価格が下がることで需要が高まり、結果的に工場労働者の賃金は上がった。

日本でも、高度経済成長期に農村の次男坊や三男坊は都市部の賃金労働者になりましたが、好景気を背景に給料が上がり、多くの人が豊かさを享受できました。

経済学という学問は、基本的に工業モデルを前提としています。情報化がもたらすさまざまな問題に、経済学者は工業化時代に発展したこのモデルを当てはめようとしますが、アップデートも必要です。

アメリカでは21世紀に入ってから、低所得と高所得の職業で雇用が増大している一方、中間所得層はＩＴによって雇用崩壊を起こし始めています。雇用減少が著しいのは、コールセンターや経理部門、旅行代理店のスタッフです。

次にアメリカではＡＩの影響によって、先ほど言われたような頭脳労働の雇用が減少し始めています。トレーダー、パラリーガル（弁護士助手）に加えて、資産運用アドバイザーと保険の外交員、証券アナリストの3つです。

金融業は、情報の世界だけで完結しやすく、複雑な言語コミュニケーションを比較的必要としません。膨大な数値データを処理して法則性を見出すのは人間よりコンピュータの方が有利です。今は頭脳労働の専門職を中心に雇用が減少していますが、もう少し時間が経つと、ＡＩが搭載されたロボットによって肉体労働も減り始めるでしょう。

山口　最終的には、あらゆる仕事がＡＩによって代替されていくのでしょうか。

AIは「人の心を揺さぶるメロディ」を判断できない

井上　AIにとって原理的に不可能というわけではないのですが、今のところ苦手とする仕事は、コミュニケーションとマニピュレーション（操作）の2つです。

現在のAIは猫の画像を判別できても、抽象概念、例えば民主主義や自由といった言葉は理解できません。人間であれば、自由という言葉を聞いた時、抑圧から解き放たれた状態をイメージできますが、それができない。

チャットボットが行なっているような簡単なコミュニケーションはできても、抽象的な思考に基づく高度なコミュニケーションができないのです。

もう一つはマニピュレーションです。画像認識や音声認識技術は、いまや人間よりよほど認識精度が向上していますが、手先の器用さは人間の幼児レベルにも達していません。

物流倉庫では、搬送は自動化していても、商品棚から商品を取り出すピッキングはまだほとんど手作業です。トマトなどの農作物を箱に詰めるパッキングもそうですね。建設業における鳶職《とび》の人の仕事も今のロボットには困難です。窓枠に窓をはめるとか鉄骨を組み立てるといった作業です。

マニピュレーションとコミュニケーションに加えて、クリエイティビティ、マネジメント、ホスピタリティの領域も、まだＡＩは苦手です。

もちろんクリエイティビティ領域でも、ＡＩに作曲させたり小説を書かせたりする取り組みは始まっていますが、新規性に対応できない。新しいメロディをつくることはできても、それが人の心を揺さぶるものかどうか判断できないからです。

人間は「このメロディは心地良いな」と峻別できますが、ＡＩは過去のデータから判断するしかありません。

新規性が新規たり得るのは、過去のデータに存在しないからです。それはＡＩが苦手とする領域です。全脳エミュレーション、つまり人間の脳を丸ごとコピーする技術が確立されれば別ですが、１００年かかると言われていますし、そもそもそれを人工知能と言えるのかという疑問もあります。

マネジメントも同じです。ＡＩに代替可能な部分もありますが、過去のデータにない事態にはなかなか対応できない。

そしてホスピタリティです。人間の介護士さんなら「体がかゆい」と言われたらどんな加減で掻いてあげるといいのかわかりますが、ＡＩやロボットはかゆみを経験しないので、あらかじめ掻き加減を数値化してインプットしなければ対応できません。

そう考えると、新規性に関わる領域は、現時点ではまだＡＩが対応できないと言ってよいと思います。

ヒットチャートを席巻する曲は量産できる

山口　新規性というのは難しい概念だと感じます。人間が聴いて心地良いと感じる音の組み合わせのパターンは有限ですから、完全に新しい楽曲やコードは存在せず、どこかしら昔のものの焼き直しです。

人間が生み出した音楽は、果たして本当に新規と言えるのか、過去のデータを組み替えただけではないのかと。

井上　おっしゃる通りです。音楽に限らず、最初にその分野が出てきた時は、芸術性とエンターテインメントは両立する。ベートーヴェンやモーツァルトの楽曲は、新規性を備えた芸術的なものでありながら、エンターテインメントとして楽しむことができたはずです。

けれど、どんな領域でも、新規性はやがて取り尽くされます。私は経済学の用語を借りて「取り尽くし効果」と呼んでいます。ゴダール以降、新しい映画は生まれていないという人もいるように、さまざまな芸術のジャンルで同じことが起きている。

AIが新しいものを創造できないといっても、人間だってそうじゃないかというのは、その通りだと思います。ただ、それは程度問題とも言えます。

90年代に小室哲哉さんや宇多田ヒカルさんの曲が日本のポップミュージックを席巻したのは、何かしら新しい音楽のパラダイムを生み出したからでしょう。

宇多田ヒカルさんについては、アメリカ生まれのR&Bと日本人好みの情緒的なメロディを組み合わせただけという人もいますが、まさにそれこそ新規性で、ポップミュージックの中で、新しい領域を切り拓いたと言えるのではないでしょうか。現時点では、AIにはそういった新規開拓ができません。

山口　AIの得意不得意は分野によってかなり濃淡がありますね。囲碁や将棋では、AIが人間の世界チャンピオンを破りましたが、音楽や絵画、文学作品についてはどうか。

ビルボード・ランキングのトップ10がAIのつくった音楽で占められたり、AIが芥川賞作家になるようなことは起こるのでしょうか。

井上　AIは最適化を行なっているに過ぎません。つまり何を最適とするか定義し、目標を数値化する必要があります。囲碁であれば、棋譜のパターンを数値化して、相手に勝つための最適な手を考えます。

楽曲やコードはデータ化できますが、目標の数値化が難しい。すでにあるヒット曲をパターン化して、YOASOBIっぽい曲の量産はできますし、その結果、ヒットチャートをAIが席巻することはあるかもしれません。しかし最初のオリジンとなる部分は、まだAIにはつくれないと思います。

2030年、低所得層の仕事の多くはロボットに

山口　マニピュレーションも苦手ということですが、マニピュレーションの領域は、総じて給与水準が低い仕事が多い。一方で、新しい価値を生み出す仕事は所得水準が比較

的高い。

　ＡＩが苦手とする職業の報酬水準が二極化し、両者の中間にある、手順の確立された情報処理や事務作業がＡＩに取って代わられるということでしょうか。

井上　日本でも所得分布を見ると、中間所得層が二極に分化し、格差が拡大していますす。男性ではとりわけ年収１００万円未満の人の割合が増えています。

　商品棚から品物をとって段ボールに詰める仕事はほとんどの人ができるはずなので、当面機械に取って代わられなかったとしても、賃金は低くなります。

山口　そうした仕事ですら、２０３０年頃にはロボットに取って代わられると予測されていますね。

井上　ＡＩやロボットに限らず、運送・物流・農業などの分野で自動運転カーや工場・倉庫内の無人搬送ロボット、ドローンなどのスマートマシーンが十分普及するのは２０３０年頃だと予測しています。

　自動運転トラクターはすでにありますが、公道を走る自動運転トラックの実用化は道半ばです。２０２５年あたりから高速道路を走れるかもしれませんが、一般道を走るには、さらに時間がかかります。

自動運転トラックや無人タクシーがある程度普及して、「人間のドライバーが減った」「失業した人が増えた」と多くの人が実感するようになるのが2030年以降ではないでしょうか。

前澤氏の「100万円を1000人に配布」実験からわかったこと

山口　2030年頃にタクシー運転手やトラックドライバーの仕事がAIに取って代わられるからこそ、その準備のためにも、BIを包括的に議論すべき時期に来ていると主張されています。

井上　元ZOZO社長の前澤友作さんが100万円を1000人に配る「前澤式ベーシックインカム社会実験」を実施しましたが、私も研究者として参画しています。当選者の方たちに、100万円を受け取ったことによる生活や仕事、環境の変化を聞いており、今後、そのデータを分析する予定です。

山口　僕もBI導入は必要と考えていますが、よくある反論が、そもそも貧困に陥ったのは自己責任ではないか、そして本当にその配ったお金が有効に使われるのかというものです。現金を給付するとパチンコに使われるだけだから、バウチャーで支給すべきだと。

しかし、お金の用途を政府が決めるよりも、現金を給付して、各人が効用が大きいと思うことに使う方が、市場原理が働くので、社会全体のリターンは最大化されるはずだと僕は思います。

井上　前澤さんの実験では、パチンコに行く人はほとんど増えませんでした。もちろん国民全体に給付すれば、そういう人も中にはいるでしょうが、全体で見ればわずかです。

行動経済学の研究では、経済的な貧しさによって合理的で的確な判断がしづらくなることがわかっています。お金に余裕がなければ閉店間際のスーパーで半額商品を買えばいいのに、貧しい人ほどコンビニで割高なものを買ってしまう。とすると、現金を給付する方が合理的にお金を使えるようになる可能性がある。

オランダの歴史家ルトガー・ブレグマンが『隷属なき道――ＡＩとの競争に勝つベーシックインカムと一日三時間労働』で述べているのは、人は現金をもらったからといってさほど無駄に使わないし、逆に偉い人が決める用途がいかに現場を無視した非現実的なものかということです。

　例えばアフリカの貧しい国に現金をあげるよりも、「牛をあげれば乳搾りができるだろう」と考えて牛をあげる。ところが維持コストがかかって赤字になる。でもバイクがあれば運送ビジネスを始められます。

　現場の人はそれがわかっているけれども、偉い人にはわからない。どうせ現金を配っても無駄なことに使うからと用途を限定するのは、庶民をなめていると思います。人間はそれほど愚かしいわけではありません。

　ただ政府はお金だけ配っていればいいというわけでもありません。例えば、教育は政府がちゃんと提供すべきです。経済学では外部効果と言いますが、教育の効果を享受するのは、受けた本人だけではありません。その人が受けた教育の成果を生かして働くことによって、社会全体が恩恵を受けられます。

　ですから、義務教育をはじめとする教育支援は政府が行うべきです。お金だけ配って、教育を受けるも受けないも個人の自由とするべきではないのです。

山口　ブレグマンの本では、ロンドンでの実験も紹介されていました。現金を給付したところ、多くの人が貧困を脱出するための職業訓練に通うなど、大半が有意義な使い方をして、お酒や麻薬に消費する人はほとんどいなかったと。

世界各国でＢＩの実験が進められていますが、井上さんの著書では、期待通りの成果が得られなかったフィンランドの実験が紹介されていました。ＢＩ導入の是非を判断するには、もう少し実験が必要な段階なのでしょうか。

井上　フィンランドの場合、失業者２０００人を対象に月６５０ユーロ（約７万円）を支給しました。失業保険の給付よりも労働意欲を高められるのではないかと期待していたのです。

失業保険は就職すると打ち切られますが、ＢＩは就職してももらえるからです。しかし、ＢＩ受給者の方がストレスが少なく幸福度が高いという結果は得られたものの、労働意欲はどちらもあまり変わりませんでした。

仮に日本でＢＩを導入した場合、失業者がもう少しのんびり過ごす可能性はあると思いますが、月に約７万円もらえるからといってみんな会社を辞めることにはならないと予想しています。

一人暮らしでも月７万円では悠々自適とはいきません。４人家族なら28万円受給できますが、子どもの教育費にお金をかけたいと考える人も多いと思うので。すぐにでも仕事を辞めるという人は、ＢＩがなくてもいずれ辞めると思います（笑）。

ベーシックインカムが社会の閉塞感を打破する可能性

山口　従業員エンゲージメント、つまり会社への忠誠心や思い入れの度合いの調査では、日本は139カ国中132位でした（ギャラップ社・2017年）。自分の仕事や勤務先に愛着を感じている人はアメリカの方が高い。

日本は雇用流動性も低く、同じ会社に20年以上勤続している人が先進国中最多で、1年未満は8％です。フィンランドでは1年未満が約20％で、5人に一人は就職して1年経っていない。

月々決まったお金をもらえるポジションを手放したくないという安定志向がリスク回避や雇用流動性の硬直化を生み出しているとすると、ＢＩが導入された場合、好きでもない仕事を嫌々続けるのではなく、自分が本来やりたいと思っていた仕事を目指して職を変える人が出てくるのではないでしょうか。

人間は自分が楽しいと思える仕事をやる方が成長するし、自己投資額が増えるという研究結果もあります。結果として、社会全体の価値創造能力は上がるのではないか。「反緊縮」、つまり財政支出の増大によって消費を促進することで日本はよみがえる、そのためにＢＩを導入し現金を給付するべきと、井上さんは書かれています。

景気の浮揚もさることながら、ＢＩによって新しいことを勉強して、やってみたかったことに挑戦してみる。そんな人が多少なりとも増えると、社会の閉塞感はずいぶん変わってくるように思います。

井上　実は、前澤さんが今回の実験で一番期待しているのはその点のようです。貧困対策もさることながら、毎月現金が支給されることによって、人々が楽しく、生産性のある仕事ができるようになるのではないかと。

１００万円を受け取った人が転職して、よりやりがいのある給与の高い仕事に就いたという結果が出れば、前澤さんの狙い通りですが、その検証は困難です。

今の日本を見ていて暗い気持ちになるのは、会社を辞めたいと言いながら、仕方なくしがみついて生きている人があまりに多いことです。私の知り合いにもいます。人生の長い時間を費やす仕事がつまらなければ、人生そのものがつまらなくなってしまいます。

所得が二極化する「クリエイティブ・エコノミー」の到来

山口　2020年4月から5月、コロナ禍による倒産や失業がそれほど増えていないタイミングで、自殺者数が前年比で減少したのは、緊急事態宣言によって会社員が出勤というストレスから解放されたためではないかと書いておられます。

自宅でテレワークをする人も増えましたが、みんなが朝から晩まで仕事していたわけでもない。オンライン会議の合間に副業やYouTube配信などでお小遣いを稼ぐ人も増えています。そういう意味では、史上初めて会社が労働者に搾取される時代が到来している（笑）。

毎月給料をもらいながら、空いた時間で好きな仕事をして稼ぐ。そうしたポートフォリオを自分で設計する人が増えていくでしょうし、会社の給料は一種のＢＩとも言えます。逆に、サボろうと思えばサボれる時代だからこそ、エンゲージメントの低い状態では、国家的な生産性の低下を招く危険がある。なるべく多くの人がやりたい仕事に就いて価値を生み出せる仕組みを再設計する必要があります。

一方、ＡＩによって中間所得層の仕事が奪われ、新しい価値を生み出す仕事かマニピュレーションに二極化していく。けれども価値を生み出す仕事は、報酬の変動性が大きい。典型的な例がアーティストです。

その点からも、一部の高所得層に課税して、ＢＩで広くばらまく再配分を行わなければ、一部の高所得層に富が集中する構造になってしまう。ＢＩは税制改革とセットでと書かれていますね。

井上　ＡＩやロボットによってさまざまな職業の雇用が減少する一方、新しい仕事も増えていきます。ここ数年の間にもYouTuberやTikToker、LINEのスタンプ職人といった新しい仕事が生まれていますし、今後も増えていくでしょう。

オックスフォード大学のマイケル・オズボーンは、これからクリエイティブ・エコノミーが到来すると言っています。森永卓郎さんは、一億総アーティスト社会と言っています。楽しげな響きですが、芸人やミュージシャンといったクリエイティブ系の職業の所得分布を見ると、低所得層ばかりです。上位ひと握りは億万長者になれますが、ほとんどは売れない人たちで、年収10万円以下の人も珍しくない。

一億総アーティスト社会が到来すると、世の中全体がそういう所得分布に近づいていくでしょう。これは結構しんどい社会だと思います。

山口　だからこそＢＩが必要であると。

イノベーションに必要なのは数です。無数の挑戦があって、ほんのひと握りがイノベーションとして結実する。あとは死屍累々です。

ですから、イノベーションによってもたらされた価値を再分配し、失敗を恐れず挑戦できるセーフティネットが必要です。みんなが確実性を求めて失敗を忌避するようになれば、挑戦の絶対数は減り、イノベーションは枯渇し、社会は萎縮していくからです。

「ヘリコプターマネー」をマクロ経済政策の主軸に

山口　ＢＩ導入の話になると必ず財源の議論になります。僕も先日、人事院でＢＩの話をしたところ、財務省の人から聞かれました。

井上さんは、ＢＩを固定・変動の二階建てで導入することを提唱され、固定ＢＩはいずれ税金を財源とするべきだが、変動ＢＩについては、その限りではないと書かれています。それどころか、ＭＭＴ（現代貨幣理論、Modern Monetary Theory）の立場からは、財政健全化は必要ない、つまり節約して財政支出を減らしたり、増税して財政赤字を縮小したりする必要はないと。

井上　ＭＭＴはいわゆる「非主流派」の経済理論ですが、「政府の借金はインフレをもたらさない限り、問題ではない」という主張で知られています。

ただＭＭＴを支持する経済学者にもさまざまな議論や思想があり、多くの人はＢＩに反対していますし、私自身、ＭＭＴのすべてが正しいとも思いません。

これまで政府支出には税金を徴収する必要があり、そのバランスが崩れると、「国債＝国の借金」の残高が増えてしまうから、政府支出を抑制するか、増税しなければならないと考えられてきました。

しかし、そもそも政府・中央銀行がお金を発行して市中に供給しているのに、自分たちの配ったお金を国民から借りるのもおかしな話です。政府・中央銀行は通貨製造機を持っていますから、お金が足りないなら作ればいいだけです。

私が提唱しているヘリコプターマネーは、ノーベル賞を受賞したアメリカの経済学者ミルトン・フリードマンがつくった概念で、ヘリコプターからお金をばらまくように中央銀行が市中にお金をばらまいたらどうなるかという思考実験です。

私は、それをマクロ経済政策の主軸にするべきと考えています。中央銀行は発行した国債をどんどん買い取って「マネタイゼーション」（貨幣化）を行う。国債を日銀が買い取るなら、それは日銀がお金を刷って配るのと同じことです。

ただ1点だけ注意しなければいけないのはインフレです。通貨を発行して政府支出を拡大し続ければ、やがてインフレが起きます。

しかし、日本はこれまで20年以上デフレ不況に苦しんできて、インフレ率目標の2％さえ達成できていません。100円のおにぎりがその日のうちに200円になるようなハイパーインフレではなく、ほどよいインフレはむしろ望ましいはずです。

インフレを過度に恐れて緊縮財政を続けてきたために、長いデフレ不況から脱却できていないのであれば、思い切った「反緊縮」政策が必要ではないでしょうか。

インフレターゲットを決めた上でお金をばらまく。緩やかなインフレが10年か20年続くことで、ようやく日本経済は活気を取り戻せるのではないかと思います。

山口　社会保障が充実している北欧では、高福祉・高負担で、国民は高い税金を払っています。日本で増税はあり得るのでしょうか。

井上　当面、増税の必要はないと考えています。MMTには「租税は財源ではない」という言い回しがあります。市中に出回るお金は政府支出によって生まれ、租税によって消滅すると考えられています。

だとすれば、政府支出を行うために税金を徴収する必要はない。増税の理由は、所得再分配による格差の是正、それからインフレ抑止だけです。

日本では、インフレ率目標2％に到達する前に2回の消費税増税を行いましたが、正直何の意味もなく、むしろマイナスです。デフレ不況が長引き、インフレを目指す中で増税して、市中に出回る現金を減らしている。

それではデフレが続くばかりです。デフレから脱却したければ、政府支出を増やして、世の中に出回るお金を増やし、需要を創造する以外に取り得る手は現状ないと思います。

「反緊縮」、つまり財政支出の増大によって消費を促進することで日本はよみがえる。そのためにBIを導入し現金を給付すべきです。

——井上

第7章

ゆるやかに今を楽しむライフスタイルが徐々に広がっていく

Yoshinori Hiroi
広井良典

広井良典（ひろい・よしのり）

京都大学こころの未来研究センター教授。1961年、岡山市生まれ。東京大学・同大学院修士課程修了後、厚生省勤務を経て、1996年より千葉大学法経学部助教授、2003年より同教授。この間マサチューセッツ工科大学（MIT）客員研究員。2016年4月より現職。専攻は公共政策及び科学哲学。限りない拡大・成長の後に展望される「定常型社会＝持続可能な福祉社会」を一貫して提唱する。近著に『人口減少社会のデザイン』『無と意識の人類史――私たちはどこへ向かうのか』（ともに東洋経済新報社）など。

最後の対談相手は、京都大学こころの未来研究センターの広井良典さん。限りない拡大・成長の後には「定常型社会＝持続可能な福祉社会」の時代が来る、と一貫して提唱されています。資本主義の転換点を迎えた今、私たちが本当にやるべきことは何か。さらに、ポスト資本主義の時代に楽しく生きるための方法についても語っていただきました。

（２０２１年７月対談）

資本主義の限界という現実を受け入れまいとする心理

山口　広井さんは、最新刊『無と意識の人類史――私たちはどこへ向かうのか』で、死／無を論じておられます。アメリカの精神科医エリザベス・キューブラー・ロスは、『死ぬ瞬間――死とその過程について』（中公文庫）で、死期を目前にした人の感情を否認・怒り・取引・抑うつ・受容の５段階に分類しました。いま我々が目撃している資本主義の終焉を「死」と捉えるなら、ロスのフレームを当てはめて考えることができます。

資本主義の限界を目の当たりにしながらも、「イノベーションによって経済成長の限界は打破できる」「非物質的無形資産を計量していない」といった議論、あるいはSDGsというお題目のもとに行われる問題の先送り。これらはロスの言う取引に近いのではないでしょうか。つまり死を受け入れたくないために、現実を受け入れまいとする。

広井　ロスの議論と資本主義の現在を結びつけて捉える発想は面白いですね。私の場合、2001年に刊行した『定常型社会——新しい「豊かさ」の構想』（岩波新書）で、無限の経済成長を追い求めることがかえって経済にマイナスになるという議論を行い、経済成長を絶対的な目標とせずとも十分な豊かさが実現していく定常型社会へのシフトを提唱しました。

私は1961年生まれで、今や死語ですが、新人類と呼ばれた世代です。仕事よりプライベート、組織より個人、つまり団塊世代のような会社人間とは違うと。高度成長期の後半期にあたり、物質的な豊かさは達成され、潮目が変わってきた頃です。

日本は戦後から高度成長期にかけて、集団で一本の道をひたすら登ってきた。そんな昭和的価値観への違和感が出発点にありました。

『定常型社会』を刊行した2001年にはバブルは崩壊して10年経っていましたが、昭和的な成長志向は根強く残っていました。今でもそうかもしれません。経済成長を求めない「定常型社会」を支持してくれる人もいましたが、社会全体から見ればマイノリティでした。

新人類が企業の要職に就いた今は資本主義の転換点

山口　2001年というと、アメリカでドットコム・バブルが弾けた頃ですね。90年代後半から2000年の好況期、アメリカではニューエコノミーという言葉がもてはやされました。株主資本主義の象徴とされたエネルギー企業、エンロンの不正会計が発覚したのも2001年。日本でも株主資本主義が喧伝され、IT起業家が脚光を浴びていた時代です。

広井　バブルが崩壊し、成長路線の限界を人々がうっすらと感じ始めていたものの、団塊世代が企業の上層部を占めていたので、成長を否定する議論は受け入れ難いという昭和的な価値観がまだ主流だったと思います。

いま私と同世代が企業の要職に就くようになり、昭和的な価値観や行動様式から日本社会が変わる大きな潮目にいると感じます。ＳＤＧｓやＥＳＧ投資のような流れも生まれ、日本社会や資本主義が新たな局面に入っていると感じます。

長年ビジネスの世界を経験されてきた山口さんのような方が、成長一辺倒ではまずいと警鐘を鳴らしていることも、その象徴かと。実は山口さんの『ビジネスの未来』（プレジデント社）と、斎藤幸平さんの『人新世の「資本論」』（集英社新書）は、私のゼミでも今年の前期に教材にしたのですが、どちらも学生の反応がとても大きかったですね。

市場がすべてを解決するには、道徳や倫理が必要

山口　私は新卒で入社した電通で働いていました。広告代理店の仕事は、広告主の商品を売るためのマーケティング戦略を考えることです。どんな思いを込めて世に出すのか、それによって世界をどう変えたいのかという視点は欠落したまま、ひたすら売る、新商品を出し続けることが目的化している。

このタレントを起用したら売れるんじゃないか、このプレミアムをつけたらどうだ

と、いい大人が首を揃えて知恵を絞る。その議論自体に空々しさを感じていました。

1990年代後半から「会社は誰のものか」という議論が盛んに行われました。アメリカでは当時、ミルトン・フリードマンに代表されるように、利益を最大化し株主に還元することこそ企業の社会的責任とする、いわゆる株主資本主義が主流でした。

会社は株主のものだと割り切ることは、多くの日本人にとって違和感がありましたが、堀江貴文さんのフジテレビ買収騒動などを通じて「もの言う株主」が注目されるようになったのは2005年頃です。

「会社は株主のもの」が自明なら、わざわざ議論しません。そもそも会社は一体何のために存在するのか、富の分配はどのように行われるべきか、既存の価値観が揺らぎ始めていたからこそ、そうした議論が行われるようになった。

ニューエコノミーという言葉自体、今から考えると示唆的です。それまでの経済はオールドだと考えたからこそ、わざわざニューという言葉をつけて、新たなステージに移行しようとする。

移行する以上、古いものは終焉させなければなりません。これまでの方法や価値観では立ち行かない、死にゆくものだという時代認識を見出すことができます。

広井　糸井重里さんが「ほしいものが、ほしいわ。」というコピーを書いたのは198 8年。本当に欲しいということと、もはや欲しいものがなくなっているという二重の意味がありました。当時はバブル絶頂期でしたが、欲しいものがわからない、つまり需要の飽和はすでに起こっていたように思います。

私は1980年代の終わりの2年間アメリカに滞在していましたが、すでにアメリカを豊かさのモデルと考えることに違和感がありました。GDPは世界一でしたが、街の雰囲気や人々の暮らしに触れると、ヨーロッパの方がはるかに成熟社会の豊かさを体現しているなと。

ヨーロッパは環境に配慮した経営にいち早く取り組み、今で言う持続可能性に軸足を置いた社会のあり方を進めてきました。戦後の日本は、良くも悪くもアメリカモデルをひたすら追い求めてきましたが、経済だけでなく環境や福祉に軸足を置いたヨーロッパモデルに転換していくのが、成熟した社会のあり方ではないかと思います。

山口　ジョン・メイナード・ケインズやジョン・スチュアート・ミルなどの古典派経済学者たちも、経済成長の限界を認識していました。最近の経済学では、そこにあまり触れません。

市場原理主義を標榜する人々はアダム・スミスの「神の見えざる手」を引用して、市場がすべてを解決するかのように語りますが、アダム・スミスが倫理学者であり、その前提として道徳や倫理の必要性を説いていることはあまり知られていません。

まるでプロパガンダのように言葉が一人歩きし、あたかも経済成長が永遠に続くかのように喧伝されてきたとも言えます。

定常経済と「失敗した成長主義」の違い

山口　そして今、脱成長の模索が本格化しています。脱成長には2種類ある。つまり意図した脱成長、意図せざる結果としての脱成長です。この10年間、日本は実質的にほぼゼロ成長であり、意図せざる脱成長が実現されてしまっている。

広井さんの提唱される定常経済、つまり経済成長を目標としない経済は、意図せざる脱成長、結果としてのゼロ成長とどのように違うのでしょうか。

広井　そこは面白いテーマです。環境経済学者のハーマン・デイリーは、定常経済と失敗した成長主義は違うとしています。失敗した成長主義、これは今の日本です。成長を目指しながら実現できず、失われた30年の中で停滞している。

安倍政権はGDP600兆円を目標に掲げましたが、まったく達成できなかった。量的な拡大を目標に掲げることは、かえって経済成長の妨げとなる。

ノルマ主義の営業に似ているかもしれません。とにかく100軒訪問しろ、500件電話しろと言うばかりでは売り上げが達成できるはずがない。つまり昭和の軍隊的な方法では、個人の創造性をつぶしたり、短期的なコスト削減に走るばかりで、中長期的に見れば経済にとってむしろマイナスです。

野球監督だった野村克也さんは「成功は目的ではなく、単なる結果だ」という言葉を残していますね。成功を目的にするのではなく、自分のやりたいことを追求したり、道を極めようとしたりすることが大事で、その結果たまたま成功するのだと。

経済成長も同じだと思います。私は経済成長とかGDP増加を絶対的な目的にすることとは反対ですが、結果として経済成長があることは否定しません。

山口　ハーマン・デイリーは、日本が定常経済のモデルケースになり得ると言っていますから、ちょっと混乱しますね。日本は定常経済を目指しているわけではなく、成長を求めた結果、失敗しているわけですから。

規模拡大よりも持続可能性を重視する経営

山口　定常経済と失敗した成長主義の違いが何をもたらすのか、もう少し踏み込んでみたいのですが、成長を目指しながらも実現できない社会は、ノルマ主義のもとで数字を達成できないのと同じように、人々にストレスをもたらす。これは一つあるかもしれません。ほかにはどのようなものがあるでしょうか。

広井　定常という言葉は、持続可能性と言い換えてもよいと思います。私は定常という言葉を使いますが、地球の有限性の中で、人々が幸福に、一定の平等を保って生きられる社会を実現するという意味では、ほぼ同義だからです。拡大・成長ではなく持続可能性に軸足を移した社会は、定常型社会と言えます。

　これはとりたてて目新しい考えではなく、実は日本の伝統的な経済や経営の発想にむしろ近いと思うのですよ。会社の規模拡大か、会社が長く続くこと、そのいずれかを選ぶとしたらどちらかと尋ねたら、日本ではおそらく後者を選ぶ経営者が多いのではないでしょうか。

定常性に軸足を置いた経営は、日本に古くから伝わる「三方よし」や渋沢栄一の『論語と算盤』と通じる。規模拡大よりも持続可能性を重視するDNAは、日本の経営に埋め込まれているのではないでしょうか。

山口　上場企業か非上場企業かによって変わるかもしれませんね。100年後も存続しているけれど株価は100年で2倍にしかならない会社と、10年後に50%の確率で株価が5倍になるけれども、10%の確率で倒産するかもしれない会社、どちらの株を買うかと言えば、多くの投資家は後者を選ぶのではないでしょうか。

100年後には自分もいないし、金融工学を駆使してリスクを最小化するから個々の企業にはリスクを取って急成長を狙ってほしい。そう望む人が多いと思います。

経営者個人、特にオーナー経営者であれば、規模拡大よりも存続を望む人が多いと思いますが、ガバナンスの構造や資本政策によって変わるはずです。

ただアメリカの経営者団体「ビジネス・ラウンドテーブル」は、株主に対する責任を最優先とするこれまでの方針から、環境など社会公益を優先するステイクホルダー・キャピタリズムへの転換を2019年に表明しましたから、今後、潮目は変わっていくかもしれません。

広井　その通りですね。ＥＳＧ投資のように中長期視点に立った投資が増えたり、年金基金のようにロングタームで安定性を重視した投資を行う機関投資家が増える一方、ロボアドバイザーが１秒間に数千回の取引を行うようになる。両者が同時に進行して、今後どのように交差していくのか注目しています。

短期的な利益主義が会社を滅ぼす

山口　名和高司さんの書かれた『パーパス経営――30年先の視点から現在を捉える』（東洋経済新報社）では、いわゆるショートターミズム、株主の短期志向に合わせて経営する会社ほど、結果的に利益を上げられていないと分析されていました。

２００１年以降、長期視点で経営している会社の経常利益は、２０１４年時点で平均的な企業の１・８倍、時価総額は１・58倍だそうです。一方、短期視点の経営は、短期投資家のリターンを最大化しようとすることで、中長期的な成長を毀損している可能性が高いと。ＲＯＥ（自己資本利益率）経営は一時期もてはやされましたが、長期投資家の利益を損なうこともあるそうです。

広井　面白いですね。なぜそういうことになるのでしょうか？

山口　『ビジネスの未来』では、問題の普遍性と難易度のマトリクスを紹介しました。ビジネスの本質的役割を「社会が抱える問題の解決」とした場合、より普遍性が高く、かつ難易度の低い問題、つまり費用対効果の高い問題から取り組むはずです。その結果、普遍性が相対的に低く、難しい問題ばかりが残されます。

残された問題を経済合理性の枠組の中で解くためにはイノベーションが必要ですが、一朝一夕に実現できるものではない。短期的に利益を出そうとすると、売り上げを伸ばすよりも、Ｒ＆Ｄの縮小や従業員のアウトソーシングを通じてコストを削減しがちです。未来を食べてキャッシュにするようなもので、イノベーションは生まれなくなります。

市場が有限である以上、時間が経つほど、イノベーションを生むには忍耐力が必要になってくる。そんなことが要因ではないかと思います。

今後の問題を解決するのは「小規模でローカルな組織」

広井　京都大学では２０１６年から京大と日立の共同研究部門「日立京大ラボ」を設立し、私はその共同研究で、ＡＩを活用した日本社会の未来に関するシミュレーションなどを行ってきましたが、従来型の重厚長大なビジネスではなく、再生エネルギーや医療福祉など、小規模でローカルな事業領域に注目しています。

出光興産も、脱炭素の流れや人口減少でガソリンスタンド（ＧＳ）が不要になる中、ＧＳを介護や保育の地域コミュニティの拠点にする新しい取り組みを進めているそうです。しかし従来の収益モデルではなかなか採算が合わないのが難しいところです。

ＡＩを活用した分析では、２０５０年に向けた日本の未来に関する2万通りのシナリオ分析を行い、そこでは今後は分散型社会という方向が基本になるというシミュレーション結果が出たのですが、小規模な事業がローカルに分散する中、どのようなビジネスモデルで対応していくのか、企業レベルでも発想の転換が求められています。

山口　日立グループ全体では35万人の従業員がいます。１万人以上の従業員を雇用したのは１８７０年創業のスタンダード・オイルが初めてと言われます。企業が市場の地理的拡大に活路を見出す以上、規模が重要な競争要因になるからです。

35万人の集団が成長という命題を背負い続ける。売り上げにせよ時価総額にせよ、仮に10%成長を続けるなら、どこかで限界が来るはずです。ヨーロッパを起点に考えれば、かつて地球上には未開の大地が残されていて、航海に出て新大陸に活路を見出すことができました。イギリスで行っていたビジネスをアメリカやアジアに展開すれば、成長し続けることができますし、スケールメリットのある事業なら規模が大きいほど有利です。

しかしグローバルは「閉じた球体」ですから、いまや残された大陸は南極だけ、あとは宇宙空間に出ていくしかない。今後は普遍性の低い、すなわち希少な問題を個別に解決できるような小規模の集団や組織が必要とされると思います。

「1日3時間労働」は教養があれば実現する?

山口　経済学者ジョン・メイナード・ケインズが「100年後、1日に3時間働けば十分に生きていける社会がやってくるだろう」と書いたのは1930年のことでした。それから100年近く経った現在、我々は昔と変わらず1日8時間働いています。

哲学者バートランド・ラッセルも『怠惰への讃歌』で1日4時間の労働で十分である

としています。では、なぜそれが実現できないのか。「それは教養が足りないからだ」と彼は書いています。

広井さんは『ポスト資本主義——科学・人間・社会の未来』（岩波新書）で、定常型社会とは退屈でつまらないものではなく、文化や芸術、スポーツなどのレジャーを楽しむようになると書いておられます。けれども、これはなかなかハードルが高い。ラッセルの言う「教養の足りない」人間にとって、余暇を有意義に過ごすのは難しいことです。暇であることが社会問題になってしまう。

労働時間が減り、自由と閑暇を有意義に使うには、社会に蓄積された文化資本の多寡が問われます。かつてイギリスの裕福な貴族の子弟は、学業を修めるとグランドツアーという長い旅に出ました。アダム・スミスやトマス・ホッブズのような知識人が家庭教師として同行し、各国を周遊して見聞を深める。圧倒的な文化資本の蓄積があってこそ、閑暇を味わうことが悦楽になります。

その点、アメリカはずいぶん不利です。消費を悦楽とする、あるいはビジネスやスポーツで勝ち負けを楽しむ、そんな刺激を追求することになる。

みんなが会社というものをつくって働いているのは、ゲームのような楽しさを見出している側面もあると思います。売り上げが伸びる、株価が伸びるのは楽しいと。そう考えると、脱成長を実現した定常社会で閑暇を持て余さずに過ごすには、教育や教養が求められるのではないでしょうか。

広井　人間は多様な生き物で、欲求もそれぞれですから、文化や芸術を楽しむ人もいれば、ビジネスやスポーツの勝ち負けを楽しむ人もいると思います。

山口さんは本の中でコンサマトリー（自己充足的）と表現されていますが、ゆるやかに今を楽しむ感覚が徐々に広がっているのではないかという感覚は、私たちの上の世代と比べても、あるいは学生など若い世代を見ていても実感としてあります。

日本人が「もともと勤労」は大間違いである

山口　以前、京都に行った時、宮中で受け継がれてきた雅な遊びや習慣を教えていただく機会がありました。中でも印象的だった話があります。現在のオリンピック・パラリンピックで行われている種目のほとんどは、日本の伝統文化の中に類型を見出すことができる。アーチェリーは弓道、サッカーは蹴鞠《けまり》というように。

けれどもかつての弓道や蹴鞠では、勝敗の白黒をつけたり、点数をつけて順位を争うことをしない、それが大きな違いだと。そもそもレクリエーションというものが、いかに優雅にやったかが大事で、勝敗を決めるなどは無粋だとされてきたそうです。

江戸時代までそんな価値観で暮らしてきた日本人が、富国強兵・文明開化で追いつけ追い越せとグローバル・プロトコルを身につけて今に至るわけです。いまやフィギュアスケートやシンクロナイズドスイミングといった競技を見ても、優美さを楽しむだけで

江戸時代末期、日本を訪れた外国人は
「これほどのんびりした人々を見たことがない」
と口を揃えて言ったそうです。
時代が人々の行動様式や意識をつくっていく。
人口減少という下りのエスカレーターの中で、
日本人の行動パターンも再び変わっていくと思います。
――広井

は足らず、点数をつけて勝ち負けをはっきりさせてほしいと思ってしまう。

国民性などと言いますが、150年も経つと人の性質も変わってしまうのでしょうか。それとも日本らしさというものが今後の定常型社会における資源となり得るのでしょうか。

広井 意外な事実ですが、江戸時代末期から明治時代初頭、日本を訪れた外国人は「これほどのんびりした人々を見たことがない」「ヨーロッパの基準に照らしてなんと怠惰な人々か」と口を揃えて言ったそうです。

現代の日本人がヨーロッパに行くと、時間の流れがゆったりとして人々がゆとりある生活をしている、日本は何をあくせくしているのかと感じるわけですが、これと逆ですね。つまり日本人がもともと勤労だったりワーカホリックだったわけではなく、時代が人々の行動様式や意識をつくっていくということです。

私はよく人口グラフを使いますが、江戸時代は中期以降、人口グラフはほぼ定常状態でした。ところが明治時代以降に急激な増加の一途を辿り、2008年をピークに、急下降が始まります。150年近く続いた上りのエスカレーターの中で育まれたのが、会社人間の価値観やワーカホリックの習性だったわけです。

時代が人をつくり、価値観をつくる。いまや完全に人口減少に転じましたから、再び行動パターンも変わっていくと思います。昭和のやり方では、もはや立ち行かない。まさにターニングポイントに置かれています。

人口や経済成長の上昇カーブも他国に比べて急激でしたし、下降線も鋭いカーブを描いていています。変化のスピードが速いので、70～80代の人々は昭和的な価値観の中で生きているでしょうし、若い世代はまったく別の価値観の中で生きている。その変化のスピードの速さが難題ですが、ここを乗り切ればポジティブな未来が開けてくるのではないでしょうか。

山口　日本人は決して変化を避けてきたわけではなく、歴史を見れば、むしろ恐るべき変容を遂げてきた。時代の急激な変化に合わせて、価値観やライフスタイルを変化させてきたということですね。そう考えると、今後の大きな変化にも希望が見えるように思います。今日は本当にありがとうございました。

構成——三木いずみ（第１章〜第２章）、渡辺裕子（第３章〜第７章）
編集協力——浜田敬子、小倉宏弥（Business Insider Japan）

初出——本書は、「Business Insider Japan」の連載「山口周の“思考のコンパス”を手に入れる」を再編集したものです。

PHP
Business Shinsho

山口 周(やまぐち・しゅう)
1970年、東京都生まれ。独立研究者、著作家、パブリックスピーカー。ライプニッツ代表。慶應義塾大学文学部哲学科、同大学院文学研究科美学美術史学専攻修士課程修了。電通、ボストン コンサルティング グループ等で戦略策定、文化政策、組織開発などに従事。
『世界のエリートはなぜ「美意識」を鍛えるのか?』(光文社新書)でビジネス書大賞2018準大賞、HRアワード2018最優秀賞(書籍部門)を受賞。その他の著書に、『劣化するオッサン社会の処方箋』『世界で最もイノベーティブな組織の作り方』(ともに、光文社新書)、『外資系コンサルのスライド作成術』(東洋経済新報社)、『ニュータイプの時代』(ダイヤモンド社)、『武器になる哲学』(KADOKAWA)、『ビジネスの未来』(プレジデント社)など。神奈川県葉山町に在住。

PHPビジネス新書 430

思考のコンパス
ノーマルなき世界を生きるヒント

2021年11月2日 第1版第1刷発行
2022年1月11日 第1版第3刷発行

著者 山口 周
発行者 永田貴之
発行所 株式会社PHP研究所
東京本部 〒135-8137 江東区豊洲5-6-52
第二制作部 ☎03-3520-9619(編集)
普及部 ☎03-3520-9630(販売)
京都本部 〒601-8411 京都市南区西九条北ノ内町11
PHP INTERFACE https://www.php.co.jp/
装幀 齋藤 稔(株式会社ジーラム)
組版 有限会社エヴリ・シンク
印刷所 株式会社光邦
製本所 東京美術紙工協業組合

ISBN978-4-569-85061-0

「ＰＨＰビジネス新書」発刊にあたって

わからないことがあったら「インターネット」で何でも一発で調べられる時代。本という形でビジネスの知識を提供することに何の意味があるのか……その一つの答えとして「**血の通った実務書**」というコンセプトを提案させていただくのが本シリーズです。

経営知識やスキルといった、誰が語っても同じに思えるものでも、ビジネス界の第一線で活躍する人の語る言葉には、独特の迫力があります。そんな、「**現場を知る人が本音で語る**」知識を、ビジネスのあらゆる分野においてご提供していきたいと思っております。

本シリーズのシンボルマークは、理屈よりも実用性を重んじた古代ローマ人のイメージです。彼らが残した知識のように、本書の内容が永きにわたって皆様のビジネスのお役に立ち続けることを願っております。

二〇〇六年四月

ＰＨＰ研究所